Sweet
AS SUGAR

VEGAN BACKEN OHNE RAFFINIERTEN ZUCKER

Sweet
AS SUGAR

VEGAN BACKEN OHNE RAFFINIERTEN ZUCKER
ROMINA COPPOLA

Für meine Mutter, die mich immer dazu ermutigt hat, meine Träume zu verwirklichen.

Edition
Fackelträger

Inhalt

Der Weg

Ich dachte immer, dass jede Wegbiegung, vor der wir stehen, und alles, was wir erleben und tun, das Ergebnis bloßer Zufälle ist. Der Weg, den ich vor zwei Jahren eingeschlagen habe, hat aus mir einen völlig neuen Menschen gemacht, der mittlerweile der festen Überzeugung ist, dass nichts zufällig geschieht. Alles, was sich in unserem Leben ereignet, geschieht aus einem bestimmten Grund. Jeden Tag entdecke ich Neues, mache neue Erfahrungen und wachse immer wieder ein Stückchen über mich hinaus.

Mich haben schon immer alle möglichen Themen interessiert, deren besonderer Reiz für mich darin lag, Erfahrungen zu sammeln, die mir eine neue Sicht auf die Dinge verschaffen würden. Ohne Ratschlägen oder vorgefertigten Meinungen zu folgen, betrat ich voller Neugier und Entdeckerlust neues Terrain, um dann selbst zu entscheiden, ob mir das, was ich da sah, gefiel oder eben nicht. Eines Tages begleitete ich eher lustlos eine Freundin in ein Fitnessstudio. An diesem Ort ächzten Menschen schweißgebadet und voll konzentriert unter schweren Gewichten. Ich lernte einen Trainer kennen, der mir anbot, ein Fitnessprogramm für mich zusammenzustellen, und schneller als erwartet war auch ich unter denen, die ihren Körper „stählten". Das Studio war oft menschenleer, sodass sich mein Trainer, meine Wenigkeit und meine Hündin Daria frei und nach Lust und Laune auf der Trainingsfläche bewegen konnten. Als wir gezwungen waren, von diesem Sportstudio in ein „richtiges" Fitnessstudio zu wechseln, fand ich mich plötzlich in einer Welt wieder, die mir bis dahin fremd gewesen war. Ich erhielt austauschbare Ernährungstipps und Übungsvorschläge, die genauso gut für jedes andere Studiomitglied hätten gelten können. Ich kann mich noch sehr gut an einen bestimmten Moment erinnern, als ich vor dem großen Spiegel meine Übungen machte und hinter mir eine Frau sah, deren Gesicht gestrafft, das Haar blondiert und die Haut zentimeterdick geschminkt war. Ich erinnere mich auch an einen durchtrainierten jungen Mann mit fein säuberlich gezupften Augenbrauen, der bei jeder kräftemäßigen Anstrengung verstörende, urzeitliche Geräusche von sich gab. Und ich erinnere mich an einen Trainer, der einem 15-jährigen Jungen erklärte, dass er seine Ernährung umstellen und am besten schon zum Frühstück Fleisch essen sollte. Hatte ich dort nun meine innere Balance entdeckt oder wieder nur ein neues Projekt gefunden, in das ich mich zu verbeißen drohte? Ich überlegte ernsthaft, selbst eine Ausbildung zur Fitnesstrainerin zu absolvieren, um meine persönliche Note in diese Welt einzubringen, oder zu gehen. Ich entschied mich für Letzteres.

Ungefähr zur gleichen Zeit starb Daria. Ich dachte viel über den Tod meines geliebten Hundes nach und kam zu dem Schluss, dass zwischen ihr und einem anderen Tier im Grunde genommen keinerlei Unterschied bestand. Ihr Verlust bescherte mir bittersüße Momente der Einsamkeit, die in mir einen Wandel hervorriefen. Ich bemerkte, wie ich nicht mehr zu dieser Welt gehörte, in der alle Gespräche um das Thema Proteine zu kreisen schienen, oder besser gesagt, ich konnte mich nicht mehr mit dem identifizieren, was mir darüber erzählt wurde. Ich begann meine Ernährung umzustellen und auf alles zu verzichten, was tierischen Ursprungs war. Ich startete meinen Blog, lernte neue Leute kennen, erfand eigene Rezepte, fotografierte meine selbst zubereiteten Gerichte und teilte sie mit Wildfremden. Ich kam mir vor Menschen, die mich schon lange kannten, etwas albern vor, aber in der großen, weiten Welt des Internets hatte ich keine Scheu, mich zu präsentieren. Was ich auf meinem Blog einstellte, gefiel den Leuten und ich fühlte mich als Teil einer kleinen Revolution, die für eine Welt ohne Leid und Beschränkungen eintrat.

Anfangs bereitete ich Unmengen an Desserts zu. Davor hatten Äußerlichkeiten bei mir den höchsten Stellenwert eingenommen und mehrere Jahre lang hatte ich keine Süßigkeiten angerührt. Zu wissen, dass man sie auch ohne Fett, raffinierten Zucker und tierische Inhaltsstoffe zubereiten konnte, war für mich eine regelrechte Befreiung. Und ganz ehrlich: Eine Erdbeertorte sieht auf einem Foto definitiv hübscher aus als ein Seitan-Schnitzel! Backen, fotografieren und teilen machten mich glücklich und das Feedback meiner Leser ermutigte mich, immer weiterzumachen. Ich erhielt Nachrichten von Gleichgesinnten, die mir schrieben, dass sie mich ins Herz geschlossen hatten, auch wenn sie mich nie persönlich kennengelernt hatten. Andere hingegen bedankten sich, weil sie durch mich Rezepte entdeckt hatten, die eine gesunde Alternative zu den sehr fetthaltigen Desserts waren, die sie sonst zubereiteten, und zudem auch noch schmeckten.

Sugarless.it entstand zu einer turbulenten Zeit in meinem Leben und hat sich stetig weiterentwickelt. Endlich hatte ich mein Anthropologie-Studium abgeschlossen, mit dem ich aber irgendwie nichts anzufangen wusste. Auf der Suche nach Arbeit und vielleicht auch einer Identität reiste ich kreuz und quer durch Europa. Alles, was mir an Gedanken durch den Kopf schoss, landete in meinem Blog. So lernte ich viele wunderbare Menschen kennen und ging mit ihnen auf Reisen. Es gab wirklich niemanden, mit dem ich nicht klarkam. Ich liebte jeden Einzelnen von ihnen, weil sie Teil meines Lebens geworden waren. In meinem Blog spiegelt sich diese Philosophie deutlich wider. Auf ihm teile ich nicht nur Rezepte, sondern vielmehr eine Lebenseinstellung. Ich arbeitete in Restaurants, mietete mich im Tausch gegen mein Küchenmobiliar in ein Haus ein, lernte Menschen kennen, die sich dem Fair Trade widmen und mit denen ich ein E-Book mit Rezepten auf Schokoladenbasis zusammenstellte, und veröffentlichte mithilfe von Künstlern einen Fotokalender mit meinen Rezepten. Ich tingelte mit einem Koffer durch die Gegend, voller Selbstzweifel und ohne zu wissen, wie der nächste Tag aussehen würde, aber immer mit dem unbedingten Willen weiterzugehen und herauszufinden, wo mich die Reise hinführen würde. Ich bereitete süße Gerichte in spärlich ausgestatteten Unterkünften zu und schämte mich ein bisschen der Fotos, die in dieser Zeit entstanden, weil mir vielleicht das nötige Zubehör fehlte, mit dem ein Foto erst richtig professionell ausgesehen hätte. Dann wiederum kaufte ich Unmengen an Küchenaccessoires auf kleinen Märkten, bis mein Koffer zu bersten drohte und ich mir die Frage stellen musste, was mir wichtiger war: ein gut gelungenes Bild oder ein Leben ohne unnötigen Ballast. Dabei kam mir die Idee, jedes Rezept mit einer Person zu verbinden, die in meinem Leben gerade eine besondere Rolle spielte. Zeigen wollte ich lediglich deren Hände, die durch das Ablichten auf ewig mit mir und der Speise verbunden sein würden. Diese Menschen haben meinen Weg gekreuzt, mir eine bestimmte Richtung gewiesen und mir, durch ihre kluge und achtsame Art, Dinge über das Leben beigebracht, die ich sonst nie gelernt hätte.

Aus Angst, nicht genug Aufmerksamkeit von meiner Leserschaft zu bekommen, postete ich ein Rezept nach dem anderen, bis mir klar wurde, dass ich niemanden dazu bringen konnte, an mein Projekt zu glauben, wenn ich nicht selbst voll und ganz dahinterstand. Während dieses Projekt langsam Gestalt annahm, veränderte auch ich mich und entwickelte mich weiter. Mein Internet-Tagebuch aus Reiseerinnerungen, Rezepten und Geschichten wuchs mit mir und all den Menschen mit, die meine Einträge nicht nur kurz überflogen und mich gleich wieder vergaßen, sondern anfingen, so leben zu wollen wie ich. Plötzlich spürte ich die Verantwortung, die mit meinen Entscheidungen einherging, weil sie in der Lage waren, andere zu beeinflussen. Nachdem süße Rezepte bei mir das Thema Nummer eins waren, wollte ich mich etwas Neuem widmen und mich, ganz meinem Naturell entsprechend, bis in das kleinste Detail damit beschäftigen. Ich schwenkte von süßem Gebäck und Desserts auf fruchtige Rezepte um, die mir echtes Neuland offenbarten. Und hier bin ich nun: Immer noch auf der Suche nach dem für mich passenden Lebensstil, den ich auf diesem Fleckchen Erde, das ich mir zum Experimentieren ausgesucht habe, vielleicht finden könnte. Hinter mir die Berge, Obstwiesen und der riesige Gemüsegarten meines Vaters, während sich vor mir eine Zukunft abzeichnet, die entdeckt werden will. In diesem Buch nehme ich meine Leser mit in die vergangenen beiden Jahre, in denen natursüße Rezepte und die Hände der Menschen, die mich in dieser Zeit begleitet haben, sinnbildlich für meine spannende Reise stehen.

Als ich das Angebot erhielt, an diesem Buchprojekt mitzuwirken, freute ich mich. Gleichzeitig war ich aber davon überzeugt, dass mich der Verlag nach ein paar Tagen wieder vergessen würde, und verlieh meinen Selbstzweifeln auf meinem Blog ausführlich Ausdruck. Mir war zu diesem Zeitpunkt nicht ganz klar, dass ich ein Angebot in Händen hielt, das ich gar nicht ausschlagen durfte. Meine Gedanken schwarz auf weiß zusammen mit meinen Bildern in Buchform zu bringen, war eine einzigartige Gelegenheit. Unsicheren Menschen wie mir fällt es schwer, den positiven Seiten, die sich mit einer solchen Chance auftun, genügend Beachtung zu schenken. Viel schwerer wiegt die Angst vor denjenigen, die deine Arbeit vielleicht belächeln könnten: Profi-Konditoren, Fotografen und echte Buchautoren. Ich hingegen schreibe, fotografiere, koche und backe, weil es mir Spaß macht, ohne eine entsprechende Ausbildung oder Berufserfahrung vorweisen zu können. Das Buchprojekt startete, als ich mich gerade in einer sehr turbulenten Phase befand und zwischen Mailand, der Schweiz und Turin pendelte. Ich hatte Mühe, meine Gedanken zu ordnen und ihnen Struktur zu verleihen. Um das zu erreichen, floh ich in ein Landhaus in der Toskana, wo ich mit den Weisheiten aus Hesses Siddharta zu mir selbst fand und den Glauben an mich und meinen Weg wiederentdeckte. Ich spürte, dass ich meine ganze Energie in dieses Projekt stecken musste, und bekam aus heiterem Himmel die Möglichkeit, mich zwei Monate in einem abgelegenen Häuschen in der Emilia-Romagna (und hier soll noch mal jemand an Zufälle glauben) in Ruhe auf mein Buch zu konzentrieren ... Aus den zwei Monaten wurde nur einer, weil ich den anderen Monat auf Ibiza weiterarbeitete. Dort brachte ich lediglich ein Rezept zustande, also warf ich alles hin und fuhr nach Hause!

Viele Rezepte werden von Erlebnissen, Anekdoten oder besonderen Erinnerungen begleitet. Meine Texte folgen keinem bestimmten Muster, aber sie zeigen die Romina, die ich heute bin. Sweet as Sugar, das Buch, erzählt meine ganz eigene Geschichte anhand natursüßer Rezepte, die manchmal Zucker enthalten und manchmal nicht, Häusern, in denen mir alle Türen offen standen, und bekannten und unbekannten Landschaften, die geprägt sind von immer neuen Menschen, die es lohnt, kennenzulernen.

Viel Freude beim Lesen.

Romina

„Wenn jemand sucht, dann geschieht es leicht, dass sein Auge nur
noch das Ding sieht, das er sucht, dass er nichts zu finden, nichts
in sich einzulassen vermag, weil er nur immer an das Gesuchte denkt,
weil er ein Ziel hat, weil er vom Ziel besessen ist. Suchen heißt: ein Ziel haben.
Finden aber heißt: frei sein, offen stehen, kein Ziel haben.
Du, Ehrwürdiger, bist vielleicht in der Tat ein Sucher,
denn, deinem Ziel nachstrebend, siehst du manches nicht,
was nah vor deinen Augen steht."

Hermann Hesse

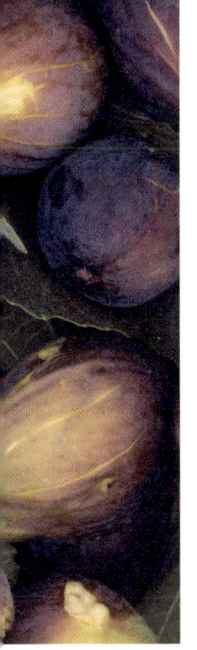

Klein und süß

Feigen-Avocado-
CUPCAKES

ZUTATEN

8 getrocknete Feigen
1-2 getrocknete Datteln
175 g Weizenmehl Type 1050
130 g Vollrohrzucker
1 TL Backpulver
50 ml Maiskeimöl
200 ml Sojamilch
1 TL Apfelessig

Für die Creme:
100 g Zartbitterkuvertüre
1 Avocado
2-3 EL Agavendicksaft
1-2 EL Schokoraspel

Für ein zuckerfreies Fruchtmus die Feigen im Mixer mit den Datteln pürieren.

Den Backofen auf 180 °C Ober-/Unterhitze vorheizen. Die Vertiefungen eines Muffin-blechs mit Papierförmchen versehen.

Zuerst Mehl, Vollrohrzucker und Backpulver mischen. Danach Öl und Sojamilch zu-fügen und mit einem Schneebesen so lange rühren, bis keine Klümpchen mehr zu sehen sind. Unter Rühren gebe ich noch den Apfelessig dazu.

Die Masse in die Muffinförmchen füllen und jeweils in die Mitte 1 TL Fruchtmus geben.

Die Küchlein im vorgeheizten Ofen ca. 20 Minuten backen.

Für den Guss die Zartbitterkuvertüre im Wasserbad schmelzen. In der Zwischenzeit die Avocado entsteinen, schälen und pürieren. Die flüssige Kuvertüre über die pürierte Avocado gießen, Agavendicksaft zugeben und alles zügig mit dem Schneebesen schlagen. Nach einer kurzen Abkühlzeit die entstandene Creme in einen Spritzbeutel füllen und die fertigen Cupcakes damit verzieren.

Zum Schluss die Mini-Kuchen mit Schokoraspel bestreuen.

Da ich weder Butter noch andere Fette tierischen Ursprungs verwende, suche ich immer nach einem natürlichen Ersatz mit butterähnlicher Konsistenz. Festzustellen, dass eine Avocado genau diese Kriterien erfüllt, hat mein Leben verändert. Guss, Ganache oder Rohkost-Desserts gelingen mit Avocado ganz wunderbar. *Mit etwas Kakao, Agavendicksaft oder Datteln lässt sich im Handumdrehen ein einfacher, leckerer und super gesunder Nachtisch zaubern.*

Heidelbeer-Haselnuss-
MUFFINS

FÜR 10-12 MUFFINS

ZUTATEN

**180 g ital. Mehl tipo 0
(alternativ Weizenmehl
Type 550)
30 g Haselnussmehl
(alternativ Haselnüsse im
Mixer fein mahlen)
130 g Vollrohrzucker
1 EL Backpulver
220 ml Reismilch
50 ml Sonnenblumenöl
1 TL Zitronensaft
1 TL gem. Vanille
200 g Heidelbeeren,
große Früchte halbiert**

Den Backofen auf 180 °C Ober-/Unterhitze vorheizen. Die Vertiefungen eines Muffin-blechs mit Papierförmchen versehen.

Zuerst alle trockenen Zutaten (außer der Vanille) vermischen. Dann kommen alle flüssigen, außer dem Zitronensaft, hinzu. Alles mit einem Schneebesen verrühren und darauf achten, dass sich keine Klümpchen bilden.

Im nächsten Schritt den Zitronensaft unter Rühren dazugeben.

Anschließend werden die Vanille und die Heidelbeeren untergerührt. Die Muffinförm-chen nur zu drei Vierteln mit Teig füllen, um ein Überlaufen des Teiges beim Backen zu verhindern.

Die Küchlein 20 Minuten backen. Vor dem Lösen aus der Form 5 Minuten abkühlen lassen.

Meine Alternative zu Cupcakes! Wenn man nicht weiß, wie man die Dinger transportieren soll; wenn das Fahrrad das einzige Fortbewegungsmittel ist; wenn man seine Lieferung ohne zerlaufene Creme, matschiges Frosting oder verschmierte Pappkartons in eine abgelegene Ortschaft bringen muss, dann sind Muffins ohne Zweifel die bessere Wahl.

Klein und süß

Waffeln
MIT EIS

ZUTATEN

**150 g ital. Mehl tipo 2
(alternativ Weizenmehl
Type 1050)
2 EL Kokosblütenzucker
½ TL gem. Vanille
1 Msp. Salz
1 EL Backpulver
1 Msp. Kurkuma
250 g Sojamilch
Saft von
½ unbehandelten Orange
Obst nach Belieben
Ahornsirup**

Für die Eiscreme:
2 Bananen

Zuerst schneide ich die Bananen in Scheiben und lege sie in das Gefrierfach.

Im nächsten Schritt bereite ich die Waffeln zu, indem ich Mehl, Zucker, Vanille, Salz, Backpulver und Kurkuma in einer Schüssel vermische. Dann gebe ich Sojamilch und Orangensaft dazu und verrühre alles sorgfältig mit dem Schneebesen.

Anschließend fette ich das Waffeleisen und gebe den Teig hinein. Nach 3–5 Minuten sind die Waffeln fertig.

In der Zwischenzeit bereite ich das Eis zu. Dafür mixe ich die gefrorenen Bananen und serviere sie zu den Waffeln. Außerdem dekoriere ich den Teller mit frischem Obst. Zum Schluss etwas Ahornsirup darüberträufeln.

Maulbeer-
TARTELETTES

ZUTATEN

350 g Dinkelmehl
Type 630
1 EL Zimtpulver
1 Msp. Salz
1 Pck. Backpulver
Schale von
½ unbehandelten Zitrone
70-80 ml Maiskeimöl
zzgl. Öl für die Förmchen
120 ml Ahornsirup
500 g Maulbeeren oder
andere Früchte

In einer Schüssel vermenge ich Mehl, Zimt, Salz, Backpulver und die Zitronenschale. Dann mische ich die flüssigen Zutaten, d. h. Öl, Sirup und 80 ml Wasser, und gebe sie zu den trockenen Zutaten in die Schüssel.

Dann wird der Teig geknetet und unter Zugabe von etwas Wasser zu einer geschmeidigen Masse verarbeitet. Der Teig wird anschließend in Frischhaltefolie eingewickelt und ca. 20 Minuten in den Kühlschrank gelegt.

Den Backofen auf 180 °C Ober-/Unterhitze vorheizen. Die Tartelette-Förmchen mit etwas Öl einfetten.

Den Teig mit einem Nudelholz ausrollen, Teigstücke in der Größe der Tartelettes ausstechen und in die Form drücken. Den Teig mit einer Gabel einstechen und die Maulbeeren darauf verteilen. Zum Schluss die Törtchen 20–25 Minuten im heißen Ofen backen.

Mir sagte mal jemand, dass Maulbeeren am besten im Badeanzug gepflückt werden sollten. *„Bist du verrückt geworden? Ich im Badeanzug???"* Heute erinnern mich die Maulbeerflecken auf meiner Hose, die auf ewig dort eingebrannt zu sein scheinen, dass ich diesen Tipp vielleicht doch hätte befolgen sollen.

Klein und süß

Pflaumen-Cupcakes
MIT SCHOKOLADE

FÜR 10-12 CUPCAKES

ZUTATEN

250 g sehr reife Pflaumen
oder Zwetschgen
1-2 getrocknete Datteln
180 g ital. Mehl tipo 2
(alternativ Weizenmehl
Type 1050)
130 g Vollrohrzucker
1 EL Backpulver
1 TL Kurkuma
220 ml Sojamilch
50 ml Sonnenblumenöl
1 TL Apfelessig

Für die Creme:
400 g Sojajoghurt,
2 Tage abgetropft
100 g Zartbitterkuvertüre
1 geh. EL Reismalz

Für die Creme zunächst den Sojajoghurt zum Abtropfen in ein mit einem sauberen Küchentuch ausgelegtes Sieb füllen und 2 Tage abtropfen lassen. Dadurch wird die Flüssigkeit von den festen Bestandteilen getrennt und es entsteht eine Alternative zu Frischkäse, die man wunderbar zu allen möglichen Süßspeisen verarbeiten kann.

Am Tag der Zubereitung für das Fruchtmus die Pflaumen im Mixer mit 1-2 Datteln pürieren.

Den Backofen auf 180 °C Ober-/Unterhitze vorheizen. Die Vertiefungen eines Muffinblechs mit Papierförmchen versehen.

In einer Schüssel alle trockenen Zutaten vermischen. Anschließend rühre ich Milch, Öl und Apfelessig sorgfältig unter.

Danach fülle ich die Mischung in die Förmchen und gebe in jedes ½ TL Pflaumenmus.

Die Küchlein im vorgeheizten Backofen ca. 20 Minuten backen. Bevor es im Anschluss ans Dekorieren geht, die Cupcakes abkühlen lassen.

Für die Creme lasse ich die Kuvertüre im Wasserbad schmelzen und gebe sie dann zusammen mit dem abgetropften Joghurt in eine Schüssel. Im nächsten Schritt das Malz hinzufügen und die Zutaten mit einem Schneebesen verrühren.

Die Creme anschließend in einen Spritzbeutel füllen und die Cupcakes verzieren.

Es gibt nichts Besseres als Cupcakes! Dieses Rezept symbolisiert für mich die Loslösung von Einschränkungen hin zu einem freieren Leben, in dem Süßes ein fester Bestandteil sein darf.

Diese Schnecken erinnern mich immer an den Markt-stand mit makrobiotischen Lebensmitteln in Peru-gia, an dem ich oft zwischen den Vorlesungen am Institut für Anthropologie essen ging. Der Inhaber trug stets eine rote Schleife um den Hals und ver-suchte mir alles Mögliche anzudrehen. Legendär war das Reis-Eis, das es nur einen Monat im Jahr zu kau-fen gab. Besonders liebte ich auch das süße Gebäck, das es dort in zahllosen Varianten gab: *rustikal,* *unprätentiös und einfach lecker.*

Apfel-SCHNECKEN

ZUTATEN

400 g ital. Mehl tipo 0 (alternativ Weizenmehl Type 550)
1 Msp. Salz
70 g Rohrohrzucker zzgl. etwas zum Bestreuen
1 TL Backpulver
180 ml Reismilch (alternativ Sojamilch)
60 ml Olivenöl
Fruchtmus nach Geschmack (siehe Seite 14, 46, 58)
1-2 Äpfel
1 TL Zimtpulver

Für den Teig mische ich Mehl, Salz, Zucker und Backpulver und füge dann Reismilch und Olivenöl hinzu. Nachdem alle Zutaten sorgfältig vermengt wurden, knete ich den Teig kräftig, bis er glatt und elastisch ist. In einer Schüssel muss er abgedeckt 3 Stunden ruhen.

Nach der Ruhezeit rolle ich den Teig auf einer bemehlten Arbeitsfläche zu einem Rechteck aus. Im Inneren des Rechteckes streiche ich das Fruchtmus auf, verteile die zu Würfeln geschnittenen Äpfel darauf und streue Zimt und etwas Zucker darüber.

Dann forme ich den Teig zu einer Rolle und schließe beide Enden. Zum Schluss schneide ich die Schnecken scheibchenweise ab und lege sie auf einem mit Backpapier ausgelegten Blech aus. Bevor ich sie zum Backen in den Ofen gebe, lasse ich die Schnecken 1 weitere Stunde ruhen.

Den Backofen auf 200 °C Ober-/Unterhitze vorheizen und die Schnecken ca. 30–35 Minuten backen.

Klein und süß

Crêpes mit
KASTANIENCREME

ZUTATEN

120 g Weizenmehl Type 550
1 Msp. Salz
250 ml Sojamilch
2 EL Maiskeimöl

Für die Creme:
3 EL Kastanienmehl
300 ml Sojamilch
70 g Schokolade
2 EL Malz oder Agavendicksaft
1 EL Kokosblütenzucker (nach Belieben)
1 TL Kakaopulver
2 EL Sonnenblumenöl

Zuerst bereite ich die Creme zu. Dafür erhitze ich einen kleinen Topf auf der Herdplatte, gebe das Mehl hinein und rühre vorsichtig die Sojamilch unter. Sobald sich die Creme verdickt, kommt die Schokolade dazu. Nachdem die Schokolade geschmolzen ist, nehme ich den Topf vom Herd und gebe alle anderen Zutaten dazu: Malz, Zucker, Kakao und Öl. Die Mischung dann abkühlen lassen.

Für den Teig in einer Schüssel Mehl und Salz mischen. Nach und nach gieße ich die Sojamilch dazu und rühre dabei immer weiter, damit sich keine Klümpchen bilden. Zum Schluss gebe ich das Öl hinzu und verrühre alles sorgfältig, bis ein glatter, flüssiger Teig entsteht.

Anschließend die Crêpes-Platte oder eine Pfanne erhitzen und den Teig schöpflöffelweise daraufgeben. Mit einem Holzspatel verteile ich ihn großzügig, sodass dünne Fladen entstehen. Sobald sich die Crêpe von der Platte löst, wenden und von der anderen Seite backen. Mit dem restlichen Teig gehe ich nach der gleichen Weise vor.

Die Crêpes vor dem Servieren einzeln mit der Kastaniencreme bestreichen.

Crêpes mochte ich schon immer sehr gerne. Als ich klein war, bereitete uns die Mutter meiner Freundin Lia Crêpes mit einer Füllung aus Zucker und Zitrone zu. **Wie ich diese Köstlichkeit liebte!** Als ich anfing, selbst zu kochen, machte ich mir jeden Tag welche, am liebsten mit Zucker, selbst gemachten Cremefüllungen oder Fruchtmus!

Schokoladen- BROT

ZUTATEN

100 g Schokolade
60 g Kokosmilch
20 g Kakaobutter
150 g vegane Kekse
½ TL gem. Vanille
1 Msp. Salz
½ TL Chilipulver
Kakaopulver zum
Bestäuben

In einem Topf bringe ich Schokolade, Kokosmilch und Kakaobutter zum Schmelzen.

In einem Schälchen breche ich die Kekse in grobe Stückchen. Nachdem die Schokolade vollständig geschmolzen ist, gieße ich sie zu den Kekskrümeln. Anschließend rühre ich Vanille, Salz und (nach Belieben) Chilipulver unter.

Danach gebe ich die Masse auf Backpapier, rolle sie im Papier zu einer Stange und verschließe die beiden Enden gut.

Die Rolle wird dann 5–6 Stunden in den Kühlschrank gelegt, damit sie fest wird. Zum Schluss nehme ich das Papier ab und stäube großzügig Kakaopulver darüber.

Tipp: Für ein noch intensiveres Aroma kann die Schokolade zusätzlich mit Gewürzen, 1 EL Karamellsirup mit Haselnussaroma, Datteln oder Trockenobst verfeinert werden.

Das Schokoladen-Brot ist und bleibt der Renner. Liegt es an der Schokolade, die einfach immer gut ankommt, oder an der Schlichtheit dieser Süßigkeit? Ich habe immer versucht, mit außergewöhnlichen Torten, die aus verschiedenen Schichten und Farben bestanden, üppig mit Sahne gefüllt waren oder exotische Aromen aufwiesen, Eindruck zu schinden ... Trotzdem werde ich immer nach diesem Schokoladenrezept gefragt. „Romina, wann machst du mal wieder das Schokoladen-Brot?" – „Jetzt. Aber beeilt euch, sonst bleibt wieder nichts übrig!"

Klein und süß

Kokos-Schoko-
BROWNIES

ZUTATEN

100 g Schokolade
50 g Kokosöl zzgl. 1 TL
für die Form
100 g ital. Mehl tipo 0
(alternativ Weizenmehl
Type 550)
zzgl. 1 EL für die Form
50 g Vollrohrzucker
2 TL Backpulver
½ TL gem. Vanille
50 g Kokosflocken
200 ml Reis-Kokos-Milch
2 EL Kakaopulver

Die Schokolade und Kokosöl zusammen im Wasserbad schmelzen lassen. Den Backofen auf 180 °C Ober-/Unterhitze vorheizen und eine quadratische Backform (ca. 20 cm Seitenlänge) mit Kokosöl fetten und leicht mit Mehl ausstreuen.

In einer Schüssel vermische ich Mehl, Zucker, Backpulver, Vanille und Kokosflocken. Anschließend gebe ich die Reis-Kokos-Milch und dann die geschmolzene Schokolade dazu. Die Mischung sorgfältig verrühren und dann in die Backform geben.

Den Kuchen im heißen Ofen 20–25 Minuten backen. Nach dem Abkühlen bestäube ich ihn mit Kakaopulver. Dann schneide ich Brownies heraus.

Statt der Kokosflocken verwende ich auch gerne Walnüsse, Haselnüsse oder Trockenobst wie z. B. getrocknete Aprikosen.

Ich liebe Schokoladenrezepte, ich liebe es, Schokolade selbst herzustellen und vor allen Dingen liebe ich es, Schokolade zu essen. Zu der Zeit, als dieses Rezept entstand, ergab sich die Zusammenarbeit mit „L'Altro Cioccolato", einer Organisation, die sich dem Verkauf von Fair-Trade-Schokolade verschrieben hat und in Umbrien Festivals zum Thema veranstaltet. Damals lernte ich, wie wichtig es ist, zu wissen, woher Produkte kommen und wie sie hergestellt werden. *Vegan zu leben bedeutet nämlich auch, es nicht auf Kosten anderer Menschen zu tun.*

Kokos-
SCHNITTEN

FÜR CA. 12 SCHNITTEN

ZUTATEN

200 g Kokosraspel
Saft von 1 Orange
10 getrocknete Datteln
½ TL Salz
3 EL Kokosöl

Zuerst die Kokosraspel auf höchster Stufe im Blitzhacker mahlen. Danach kommen Orangensaft, die entsteinten Datteln und Salz dazu und werden zu einer klebrigen Masse verrührt. Zum Schluss gebe ich das Kokosöl hinein, knete die Masse durch und rolle sie auf einem mit Backpapier ausgelegten Backblech aus.

Im Kühlschrank darf die Kokos-Dattel-Masse mindestens 2 Stunden ruhen, damit sie fest wird. Danach schneide ich sie in kleine Rechtecke.

Die Schnitten werden kalt gegessen. Wer es lieber knackig mag, kann das Kokosöl durch gehackte Mandeln ersetzen.

Hinter diesen Schnitten stecken keine Anekdoten: Ich habe sie nämlich gerade erst gestern zubereitet. Sie sind lecker, frisch und mit den guten Datteln von Andrea hergestellt! Was mir an meiner Ernährungsumstellung extrem gut gefallen hat, war die Suche nach natürlichen Zutaten. Ich fing an, mich umfassend zu informieren und lernte Menschen kennen, die wiederum Menschen kannten, die die gleiche Lebenseinstellung teilten. Wenn das alles nicht so gelaufen wäre, hätte ich Datteln wahrscheinlich nur einmal im Jahr an Weihnachten gegessen ... *Welch ein Verlust das gewesen wäre!*

Klein und süß

Haselnusskekse
MIT SCHOKOLADE

FÜR 12–15 KEKSE

ZUTATEN

**130 g ital. Mehl tipo 0
(alternativ Weizenmehl
Type 550)
20 g feines Maismehl
1 TL Backpulver
½ TL Salz
1 EL Zimtpulver
3 EL Kokosblütenzucker
50 g Kakaobutter
1 EL Haselnusscreme
50 g Zartbitterkuvertüre**

In eine Schüssel gebe ich alle trockenen Zutaten: Mehl, Maismehl, Backpulver, Salz, Zimt und Zucker.

Bei schwacher Hitze lasse ich die Kakaobutter in einem kleinen Topf schmelzen. Nachdem sie einen kurzen Moment abgekühlt ist, kommt sie zusammen mit der Haselnusscreme zu den Zutaten in die Schüssel. Anschließend gebe ich 50 ml Wasser hinzu und verknete die Masse von Hand.

Den fertigen Teig dann in Frischhaltefolie einwickeln und 15 Minuten im Kühlschrank ruhen lassen.

Den Backofen auf 160 °C Ober-/Unterhitze vorheizen. Ein Backblech mit Backpapier auslegen.

Danach forme ich kleine Kugeln, die mit der Handfläche platt gedrückt werden. Im nächsten Schritt die Kekse 15 Minuten im heißen Ofen backen.

Während die Kekse abkühlen, die Kuvertüre im Wasserbad schmelzen und die Kekse einen nach dem anderen mit Kuvertüre überziehen und zum Trocknen beiseitestellen.

Tipp: Wenn gerade keine Haselnusscreme zur Hand ist, kann man diese aus gerösteten Haselnüssen ganz einfach selbst herstellen, indem man die Nüsse (evtl. zuzüglich etwas Öl) im Hochleistungsmixer mixt.

„Romina, ich flehe dich an. Mach diese Dinger nie wieder!" Das sage ich mir jedes Mal, wenn ich diese Kekse backe. Denn die Konsistenz der Kakaobutter, die im Ofen zerfließt und im Kühlschrank wieder fest wird, ist einfach perfekt. Wenn dann noch Haselnusscreme drin ist, könnte ich vor Glück dahinschmelzen.

Zart und geschmeidig schmilzt dieses Gebäck auf der Zunge, und das auch noch völlig glutenfrei. Es hat sogar Nellos Bruder geschmeckt, den ich im Internet kennengelernt und in seiner Heimatstadt Salerno besucht hatte. Nello konnte nicht glauben, dass sein skeptischer Bruder mit Haut und Haaren einem veganen Gebäck verfallen war. Zuerst dachte ich, dass Nellos Bruder das Gebäck aus reiner Höflichkeit lobte, aber nachdem er den vierten Kokoskeks verputzt hatte, bestanden auch für mich keine Zweifel mehr an der Echtheit seiner Begeisterung.

Glutenfreie
KOKOSTALER

FÜR 12-15 STÜCK

ZUTATEN

**200 g Kokosmehl
(nicht verwechseln mit
Kokosraspeln)
50 g Tapioka-Stärke
(alternativ Maisstärke)
80 g Reismehl
Abrieb von
1 unbehandelten Orange
1 TL gem. Vanille
1 Msp. Salz
100 g Vollrohrzucker
200 g frisch gepresster
Orangensaft
50 g Reismalz (alternativ
Agavendicksaft)
100 g Kokosöl
50 g Zartbitterkuvertüre**

Zuerst alle trockenen Zutaten, d. h. Kokosmehl, Stärke, Reismehl, Orangenschale, Vanille, Salz und Zucker vermischen.

Dann gebe ich den Orangensaft zu den trockenen Zutaten, rühre das Malz unter, vermenge alles sorgfältig und gieße das flüssige Kokosöl in die Masse. Sollte der Teig zu sehr bröckeln, esslöffelweise Wasser hinzufügen.

Den Backofen auf 180 °C Ober-/Unterhitze vorheizen. Ein Backblech mit Backpapier auslegen.

Im nächsten Schritt forme ich Kügelchen, die ich auf das Blech lege, leicht andrücke und 20 Minuten hellbraun backe.

Während das Gebäck abkühlt, zerlasse ich die Kuvertüre im Wasserbad. Sobald eine Temperatur von 28 °C erreicht ist, tauche ich die Kekse einzeln in die Schokolade. Danach lege ich die Gebäckstücke zurück auf das Backpapier und lasse sie trocknen.

Tahin-Schoko-
PRALINEN

FÜR 8-10 PRALINEN

ZUTATEN

100 g Zartbitterkuvertüre
1 EL rohes Kakaopulver
½ TL gem. Vanille
1 EL Zimtpulver
1 EL Kokosblütenzucker
1 TL Johannisbrotkernmehl
80 ml Sojamilch
1 geh. TL Tahin

Zum Dekorieren:
60 g Zartbitterkuvertüre

Ich lasse die Kuvertüre im Wasserbad schmelzen, gebe Kakao, Vanille, Zimt, Zucker und Johannisbrotkernmehl hinzu und verrühre das Ganze. Unter Rühren kommen zuerst die Milch und dann das Tahin hinzu.

Die Creme in eine Form füllen, die so groß ist, dass die Pralinenmasse ca. 1 cm hoch hineingefüllt werden kann. Damit sich die Creme festigt, kommt sie 6–7 Stunden in den Kühlschrank.

Nachdem die Schokoladen-Tahin-Creme fest geworden ist, wird sie gestürzt und zu Würfeln oder Kreisen ausgestochen oder geschnitten.

Währenddessen lasse ich die Kuvertüre zum Dekorieren im Wasserbad schmelzen. Sobald sie dann auf eine Temperatur von 28 °C runtergekühlt ist, tauche ich die Pralinen mithilfe von Holzstäbchen (oder einem Löffel) hinein und lege sie anschließend auf Backpapier.

Aus einem Stück Backpapier forme ich einen Trichter und verwende ihn als Spritzbeutel für die restliche Kuvertüre, um damit die Pralinen kunstvoll zu dekorieren.

Ich hätte nie zu glauben gewagt, dass Schokolade und Tahin so gut zusammenpassen. Dass sie ein köstliches Paar abgeben, fand ich heraus, als ich ein Blogger-Treffen in der Toskana organisierte. Auf dieser Veranstaltung traf ich Laura, die mich eine Streichcreme probieren ließ, in die ich mich sofort verliebte. **Meine Pralinen basieren auf eben-dieser Creme und sind zu meinem Paradestück geworden.** Ich biete sie zu jeder Gelegenheit an, weil sie einfach himmlisch schmecken.

Trüffelpralinen
MIT ERDNUSSBUTTER

FÜR 8-10 TRÜFFEL

ZUTATEN

100 g Zartbitterkuvertüre
1 EL rohes Kakaopulver
½ TL gem. Vanille
1 TL Zimtpulver
1 EL Kokosblütenzucker
80 ml Sojamilch
1 geh. EL Erdnussbutter
1 TL Maiskeimöl
Kakaopulver
zum Bestäuben

Ich lasse die Kuvertüre im Wasserbad schmelzen und füge Kakao, Vanille, Zimt und Zucker hinzu. Anschließend gieße ich vorsichtig die Milch dazu und vermische alle Zutaten sorgfältig. Zum Schluss rühre ich die Erdnussbutter und das Öl unter.

Die Mischung dann 5–6 Stunden in den Kühlschrank stellen. Aus der nun fest gewordenen Masse kleine Kugeln formen und in Kakaopulver wenden.

Die Trüffelpralinen lassen sich in unterschiedlichen Geschmacksrichtungen zubereiten. Dafür einfach die Erdnussbutter durch Mandelbutter, Haselnussbutter oder Tahin ersetzen.

Mit einem Foto lassen sich Emotionen, Eindrücke und Erinnerungen festhalten. Deshalb genügt mir ein Blick auf dieses Bild, um mich inmitten der Hügellandschaft der Emilia-Romagna wiederzufinden, wo ich meine „alte/neue" Freundin wiederfand. Sie hat zu einer entscheidenden Wende in meinem Leben und meinem Blog beigetragen. Seht sie euch nur an, diese herrlichen Trüffel aus Schokolade und Erdnussbutter, die zart auf der Zunge zerschmelzen.

Schokoladen-
HASELNUSS-WÜRFEL

ZUTATEN

60 g Haselnüsse
50 g Kakaobutter
40 g rohes Kakaopulver
zzgl. 1-2 EL zum Wälzen
2 EL Ahornsirup
2 EL Agavendicksaft
½ TL gem. Vanille
1 Msp. Salz

Die Haselnüsse 2–3 Minuten in der Pfanne goldbraun rösten. Anschließend gebe ich sie, solange sie noch heiß sind, in ein Küchentuch und reibe sie sanft, damit sich die Haut ablöst. Dann im Mixer so lange mahlen, bis eine glatte Creme mit butterähnlicher Konsistenz entsteht. (Das kann ein bisschen dauern. Daher bitte etwas Geduld!)

In einem kleinen Topf zerlasse ich die Kakaobutter und rühre dann den Kakao unter. Danach 2 EL der Haselnussmasse, Ahornsirup und Agavendicksaft, Vanille und Salz zugeben und mit dem Handrührgerät gut vermengen.

Die Creme in eine quadratische oder rechteckige Form füllen, die so groß ist, dass die Masse ca. 1 cm hoch hineingefüllt werden kann. Die Masse im Kühlschrank ein paar Stunden abkühlen lassen. Nachdem sie fest geworden ist, stürze ich sie aus der Form und schneide sie mit einer befeuchteten Messerklinge in kleine Würfel.

Die Würfel dann in Kakaopulver wälzen und weitere 30 Minuten im Kühlschrank ruhen lassen.

Wer bissfestere Schokowürfel bevorzugt, lässt ganz einfach die Haselnussbutter weg.

Lebensmittel aus eigener Herstellung sind mir eine Herzensangelegenheit. Die Ursprünglichkeit der Dinge hat mich immer fasziniert, aber allzu oft ist es leider gar nicht so einfach, an die richtigen Rohmaterialien zu kommen. Diesem Rezept liegt ein wunderbares Geschenk zu Grunde, das mich wahnsinnig glücklich gemacht hat: 5 kg Kakaobutter, von der ich – hoffentlich – noch eine Weile zehren werde!

Als ich dieses Tiramisù servierte, leuchteten die Augen der Gäste. Ich erklärte hastig, dass es kein normales Tiramisù sei, dass kein Zucker drin wäre und dass daher die Konsistenz eine ganz andere ist und daher vielleicht nicht schmecken könnte ... *Aber bevor ich mit meinen umständlichen Erläuterungen fertig war, hatten alle schon eine Portion gegessen und verlangten unter Lobeshymnen eine Zweite.* Ich weiß nicht, was mir die Gäste da erzählten, weil sie Portugiesisch sprachen. Aber es hörte sich irgendwie gut an, sodass auch ich mich zufrieden meinem Nachtisch widmen konnte.

Tiramisù
DER BESONDEREN ART

ZUTATEN

Für die Creme:
200 g Cashewkerne
½ Glas Couscous
200 ml Agavendicksaft
1 EL Kokosöl

Für den Kaffeeguss:
1 EL fertig
gebrühter Kaffee
2 EL Agavendicksaft

Weitere Zutaten:
1 Sternanis
3 kleine Tassen Espresso
vegane Löffelbiskuits oder
veganer Biskuitkuchen
(siehe S.81)
1 EL Kakaopulver

Die Cashewkerne bereits 4 Stunden vor der Zubereitung in Wasser einlegen.

Zuerst den Anisstern zum frisch gebrühten Espresso geben und beiseitestellen.

Danach wird die Creme zubereitet. Drei Gläser Wasser aufkochen, den Couscous dazugegeben und eine Minute lang kochen. Danach nehme ich den Topf vom Herd und stelle ihn beiseite, bis der Couscous das ganze Wasser aufgenommen hat.

Anschließend die Cashewkerne mit etwas Wasser und der Hälfte des Agavendicksafts im Mixer pürieren, bis eine sahneähnliche Masse entsteht. Den Couscous im Anschluss mit dem restlichen Agavendicksaft ebenfalls zu einer glatten Creme verrühren. Kokosöl, Cashewcreme und Couscous mit dem Handrührgerät vermengen, aufschlagen und beiseitestellen.

Für den Guss den Kaffee sorgfältig mit dem Agavendicksaft verrühren.

Nachdem alle Bestandteile zubereitet sind, kann das Tiramisù zusammengesetzt werden. Zuerst den Anisstern aus dem Espresso nehmen. Dann in einer flachen Schüssel zuunterst eine Schicht Creme glattstreichen. Die Biskuits in den Espresso tauchen und auf der Creme auslegen. Anschließend mit Guss beträufeln, dann wieder Creme auftragen. Den Vorgang so oft wiederholen, bis alle Zutaten aufgebraucht sind. Zum Schluss Kakao darüberstäuben.

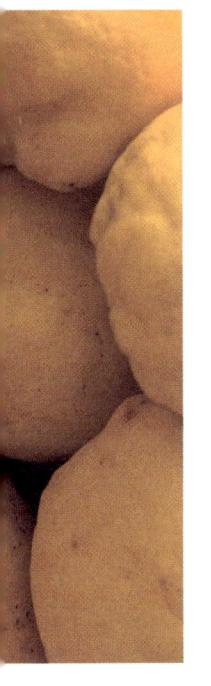

Kuchen und Torten

Zitronen-
SAHNE-TORTE

ZUTATEN

Für die Sahne:
5 EL Speisestärke
200 ml Sojamilch
200 ml Sonnenblumenöl
Saft von ½ Zitrone

Für den Boden:
250 g ital. Mehl tipo 0
(alternativ Weizenmehl
Type 550)
zzgl. 1 EL für die Form
50 g Mandelmehl
1 Pck. Backpulver
180 g Vollrohrzucker
½ TL gem. Vanille
Abrieb von
1 unbehandelten Zitrone
250 ml Sojamilch
60 ml Maiskeimöl
zzgl. 1 EL für die Form
50 ml Zitronensaft

Zum Tränken:
2 EL Vollrohrzucker
Saft von ½ Zitrone

Die Sahne wird bereits am Abend vorher zubereitet. Die Stärke in einem halben Glas Wasser auflösen und dann in einem kleinen Topf aufkochen, bis sie eine gelatineähnliche Konsistenz aufweist.

Die Sojamilch steif schlagen und dabei ganz vorsichtig das Öl hinzufügen. Die angerührte Stärke anschließend unter die Sojamilch rühren und das Ganze auf höchster Stufe mit dem Mixstab aufschlagen, bis eine samtige und glatte „Sahne" entsteht. Zum Schluss den Zitronensaft dazugegeben. Die Masse dann zum Durchkühlen über Nacht in den Kühlschrank stellen.

Am Tag der Zubereitung den Backofen auf 180 °C Ober-/Unterhitze vorheizen. Eine Springform (ø 20 cm) mit Öl fetten und mit Mehl ausstreuen.

Für den Tortenboden mische ich zuerst Mehl, Mandelmehl, Backpulver, Zucker, Vanille, Zitronenschale und füge dann Sojamilch, Öl und Zitronensaft hinzu. Nachdem alle Zutaten sorgfältig verrührt wurden, gebe ich den Teig in die gefettete Backform und backe ihn 45 Minuten.

Den Kuchen aus der Form lösen, abkühlen lassen und zweimal durchschneiden. Zucker und Zitronensaft mischen und jeden Tortenboden damit tränken und anschließend großzügig mit Sahne bestreichen. Mit der restlichen Sahne streiche ich die Torte rundherum ein. Vor dem Servieren mindestens 30 Minuten in den Kühlschrank stellen.

Nach meiner Zeit in Sevilla verspürte ich zu Hause den Drang, etwas Süßes zu kreieren, das an diese Reise erinnern und in meinem Blog einen besonderen Platz bekommen sollte. Mit selbst gemachter Sahne machte ich mich an die Arbeit für eine Zitronentorte. *Sie ist sehr süß und hat gleichzeitig eine angenehme Säure.*

Pfirsich- PISTAZIEN-KUCHEN

FÜR 1 KUCHEN

ZUTATEN

30 g gehackte Pistazien
250 g Weizenmehl Type 1050
120 g Vollrohrzucker zzgl. 1 EL zum Bestreuen
1 Msp. Salz
1 Msp. gem. Vanille
1 Pck. Backpulver
30 g Kartoffelmehl
200 ml Sojamilch
70 ml Maiskeimöl
2 Pfirsiche

Den Backofen auf 180 °C Ober-/Unterhitze vorheizen. Eine Springform (ø 20 cm) mit Backpapier auslegen.

Die Pistazien in eine Schüssel füllen. Hinzu kommen Mehl, Vollrohrzucker, Salz, Vanille, Backpulver und Kartoffelmehl. In die Mitte der trockenen Zutaten Sojamilch und Maiskeimöl gießen und anschließend alle Zutaten gut mischen. Den Teig in die Form gießen.

Die Pfirsiche in Spalten schneiden und auf dem Teig verteilen. Zum Schluss etwas Zucker darüberstreuen und im vorgeheizten Ofen 45 Minuten backen.

Bei einigen Kuchen muss ich unweigerlich an meine ersten Versuche mit dem veganen Backen denken. Meine Kunstwerke sahen von außen perfekt aus, waren innen aber roh. Andere wiederum bröckelten oder waren so krumm und schief, dass man sie auf keinen Fall hätte ablichten können, hatten aber einen exquisiten Geschmack. Und darin besteht das Dilemma der Blogger: Wenn das Essen nicht schön aussieht und optimal gekocht oder gebacken ist, landet es sofort im Magen seines Erschaffers, damit keiner jemals etwas von dem missglückten Experiment erfährt. *Dieses hier kann beides: Es erfreut das Auge und schmeckt einfach grandios!*

Kirschkuchen
MIT MANDELCREME

ZUTATEN

Für den Boden:

200 g ital. Mehl tipo 0
(alternativ Weizenmehl
Type 550)
70 ml Olivenöl
1 Msp. Salz

Für die Mandelcreme:

200 g Mandeln
100 g Puderzucker aus
Vollrohrzucker
5 EL ital. Mehl tipo 0
(alternativ Weizenmehl
Type 550)
1 TL gem. Vanille
50 ml Reismilch
130 g Kokosöl
1 Apfel
350 g Kirschen,
entsteint und halbiert

Für den Boden einen Mürbeteig aus Mehl, Öl, Salz sowie 50 ml Wasser zubereiten und so lange kneten, bis er weich und geschmeidig ist und sich zu einer Kugel formen lässt. Die Kugel wickle ich in Frischhaltefolie und lege sie zum Ruhen in den Kühlschrank. In der Zwischenzeit bereite ich die Mandelcreme vor.

Die Mandeln mahlen, bis Mehl daraus entsteht. Danach gebe ich den Puderzucker, Mehl, Vanille, Reismilch und Kokosöl hinzu. Die Zutaten sorgfältig vermischen und die Masse anschließend beiseitestellen.

Den Backofen auf 180 °C Ober-/Unterhitze vorheizen. Eine Springform (ø 20 cm) mit Öl fetten.

Nun den Mürbeteig ausrollen und damit die Backform auskleiden. Achtet darauf, die Ränder der Form vollständig mit dem Teig abzudecken. Im nächsten Schritt den Apfel in feine Scheiben schneiden und mit ihnen den Boden des Mürbeteiges belegen. Dann gieße ich die Mandelcreme in die Backform und streue die halbierten Kirschen darüber.

Den Kuchen im vorgeheizten Backofen ca. 30 Minuten backen. Nachdem er ordentlich abgekühlt ist, kommt er vor dem Servieren mindestens 1 Stunde in den Kühlschrank, damit das Kokosöl wieder fest werden kann.

Tipp: Puderzucker lässt sich selbst herstellen, indem Zucker mit Maisstärke im Verhältnis 1:10 gemixt wird.

In einem Café in Bologna probierte ich zum ersten Mal ein Dessert mit Mandelcreme, das mich verführerisch durch das Schaufenster angelächelt hatte. Ich kann mich heute noch daran erinnern, wie gut dieser Nachtisch geschmeckt hatte. Der Teig war weich und die Creme von der Süße her genau richtig. Mit diesem Rezept habe ich versucht, das Törtchen von damals intuitiv nachzubacken. Was haltet ihr davon? Reicht euch ein Stück oder könnt ihr gar nicht genug davon kriegen?

Allein bei dem Gedanken an Vanillecreme bekomme ich Krämpfe im Arm. Als ich klein war, musste ich im Auftrag meiner Mutter auf einem Stuhl stehend vor dem Herd ausharren. Mit einer auf einer Gabel aufgespießten Zitrone rührte ich stundenlang (zumindest kam es mir damals so vor) die Creme gegen den Uhrzeigersinn um, damit sie auch sicher geschmeidig und aromatisch wurde. Heute weiß ich, dass man eine gute Vanillecreme auch schneller hinbekommt, aber auf den Kniff mit der Zitrone verzichte ich auch als Erwachsene nicht.

Crostata
MIT AMARENA-KIRSCHEN

FÜR 1 KUCHEN

ZUTATEN

Für das Fruchtmus:
250 g sehr reife Aprikosen
1-2 Datteln

Für den Boden:
160 g Dinkelmehl
Type 630
½ TL gem. Vanille
2 EL Kokosblütenzucker
Abrieb von
½ unbehandelten Zitrone
2 TL Backpulver
40 g Olivenöl
zzgl. 1 EL für die Form
1 geh. EL Reismalz

Für die Creme:
2 EL ital. Mehl tipo 0
(alternativ Weizenmehl
Type 550)
2 EL Kokosblütenzucker
½ TL gem. Vanille
½ TL Kurkuma
200 ml Sojamilch
¼ unbehandelte Zitrone

Zum Belegen:
Amarena-Kirschen

Außerdem:
getrocknete Hülsenfrüchte
zum Blindbacken

Für das Fruchtmus die Aprikosen im Mixer mit 1–2 Datteln pürieren.

Den Backofen auf 180 °C Ober-/Unterhitze vorheizen. Eine rechteckige Backform (12 x 30 cm) mit Öl fetten.

In einer Schüssel Mehl, Vanille, Zucker, Zitronenschale und Backpulver mischen. Danach Öl, 40 ml Wasser und Malz hinzugeben und verrühren. Mit einem Nudelholz rolle ich den Teig rechteckig aus und lege die Form damit aus. Die überschüssigen Ränder werden abgetrennt, indem einfach mit dem Rollholz über die Ränder der Backform gefahren wird. Mit einer Gabel steche ich den Teig ein, lege den Boden mit getrockneten Hülsenfrüchten aus und backe ihn 20 Minuten.

In der Zwischenzeit kann die Creme zubereitet werden. In einem kleinen Topf Mehl und Zucker vermengen. Dann Vanille, Kurkuma und etwas Sojamilch hinzufügen und gut rühren, damit keine Klümpchen entstehen. Bei schwacher Hitze wird der Topf nun erwärmt und unter stetigem Rühren vorsichtig der Rest der Milch dazugegeben. Mit dem auf einer Gabel aufgespießten Stück Zitrone rühre ich die Creme solange, bis sie sich verdickt. Im Anschluss den Topf vom Herd nehmen und zum Abkühlen beiseitestellen.

Nach Ende der Backzeit die Bohnen vom Mürbeteig entfernen. Sobald er vollständig abgekühlt ist, den Boden zuerst mit Fruchtmus und dann mit der Creme bestreichen. Zum Schluss mit den entsteinten Amarena-Kirschen belegen.

Erdbeer-KOKOS-CRUMBLE

FÜR 1 CRUMBLE

ZUTATEN

70 g Haferflocken
80 g Reismehl
50 g Kokosmehl
1 Msp. Salz
50 g Kokosöl
60 ml Reismilch
3 EL Reismalz
500 g Erdbeeren
40 g Vollrohrzucker

Den Backofen auf 180 °C Ober-/Unterhitze vorheizen.

In einer Schüssel vermische ich Haferflocken mit Reismehl, Kokosmehl und Salz. Danach gebe ich das Kokosöl und die Reismilch dazu. Der Teig wird zwischen den Fingern zu Streuseln verarbeitet. Zum Schluss kommen 2 EL Reismalz hinzu, das beim Kneten untergemischt wird.

Im nächsten Schritt die Erdbeeren in gleich große Stücke schneiden und mit Zucker bestreuen. Wer keinen Zucker verwenden mag, kann stattdessen Malz nehmen.

Die Erdbeeren in eine feuerfeste Form geben und die Streusel darüberkrümeln. Mit 1 EL Reismalz bestreuen.

Den Crumble 15–20 Minuten im heißen Ofen backen und warm servieren.

Ich habe einen Khakibaum, der mir jedes Jahr wunderbare Früchte beschert. In einer meiner experimentierfreudigen Phasen mussten sie als Zutat für so ziemlich jedes Rezept herhalten. Bevor ich im Internet ein Foto eines Crumbles entdeckte, hatte ich keine Ahnung, was es mit dieser amerikanischen Süßspeise auf sich hat. Die Zubereitung erschien denkbar einfach und ich hatte zufällig alle Zutaten daheim. Also entschied ich kurzerhand, mich an einen Crumble heranzuwagen und ihn mit Khakifrüchten zuzubereiten. Ich konnte weder meinen Augen noch meinen Geschmacksnerven trauen, als er fertig war. Ich fand ihn so lecker, dass ich ihn seither das ganze Jahr hindurch mit unterschiedlichen Obstsorten zubereite.

Wahr ist, dass der Strudel zu meinen Leibspeisen gehört. Wahr ist auch, dass er die Leibspeise meiner Schwester ist. Und ebenso ist es wahr, dass wir beide Naschkatzen sind. Ein Strudel hält bei uns deshalb nicht lange. Kaum ist er aus dem Ofen, bleiben nur noch Krümel auf den Tellern übrig, bevor der Arme überhaupt Zeit hatte abzukühlen. *Aber keine Sorge: Für Nachschub ist schnell gesorgt.*

Apfel-Rosinen-STRUDEL

ZUTATEN

Für den Teig:

160 g Weizenmehl
Type 550
1 Msp. Salz
1 EL kaltgepresstes
Olivenöl
1 EL Apfelessig
1-2 EL Reismalz

Für die Füllung:

2 EL Rosinen
2 Äpfel
2 EL Pinienkerne
2 EL Reismalz
2 EL Semmelbrösel

Zuerst die Rosinen einweichen und beiseitestellen.

Für den Teig mische ich Mehl und Salz in einer Schüssel. Danach Öl und 80 ml lauwarmes Wasser in ein Glas füllen und verrühren. In das Mehl kommen dann die Öl-Wasser-Mischung und anschließend der Essig. Der Teig wird geknetet und dünn auf Backpapier ausgerollt.

Den Backofen auf 180 °C Ober-/Unterhitze vorheizen.

Für die Füllung schneide ich die Äpfel in kleine Stücke und vermenge sie mit den Pinienkernen und den eingeweichten und abgetropften Rosinen. Zum Schluss das Obst noch mit Reismalz und Semmelbrösel mischen.

Die Füllung auf dem ausgerollten Teig verteilen und diesen mithilfe des Backpapiers zusammenrollen. Bevor der Strudel in den Backofen kommt, wird seine Oberfläche mit einer Mischung aus Malz und Wasser bestrichen.

Den Strudel 20–25 Minuten backen. Bevor ich ihn aus dem Ofen nehme, streiche ich ihn erneut mit Malzwasser ein.

Kuchen und Torten

Haselnuss-
PFIRSICH-KUCHEN

ZUTATEN

300 g sehr reife Pfirsiche
3 getrocknete Datteln
40 g Haselnüsse
250 g Dinkelmehl
Type 630
1 EL Zimtpulver
½ Pck. Backpulver
80 ml Maiskeimöl
zzgl. 1 EL für die Form
3 EL Reismalz

Für das Pfirsichmus die Früchte waschen, entsteinen, nach Belieben häuten und würfeln. In einem Topf mit 2–3 EL Wasser und den klein geschnittenen Datteln aufkochen und ca. 10 Minuten bei sanfter Hitze köcheln, bis die Früchte weich sind. Anschließend die Masse im Blitzhacker fein pürieren.

Die Haselnüsse 2–3 Minuten in der Pfanne ohne Fett goldbraun rösten. Anschließend gebe ich sie, solange sie noch heiß sind, in ein Küchentuch und reibe sie sanft, damit sich die Haut ablöst. Danach die gesäuberten Haselnüsse grob hacken und mit dem Mehl mischen. Dann Zimt und Backpulver ebenfalls unterrühren.

Den Backofen auf 200 °C Ober-/Unterhitze vorheizen. Eine Springform (ø 24 cm) mit Öl fetten.

In einen Rührbecher gebe ich Öl, Malz und 80 ml Wasser und verrühre alles so, dass etwas Luft eingebunden wird. Die Flüssigkeit gieße ich im nächsten Schritt zu den trockenen Zutaten und knete die Masse, bis ein weicher Teig entsteht, der nicht klebt (sollte dies der Fall sein, einfach etwas Mehl unterrühren).

Dann den Teig ca. ½ cm dick ausrollen. Damit die Form auslegen und einen Rand von 3–4 cm hochziehen. Den Teigboden steche ich mit einer Gabel ein und fülle zum Schluss das Fruchtmus ein. Den Rand des Teigs wieder etwas über das Mus klappen.

Den Kuchen 15–20 Minuten im vorgeheizten Ofen backen.

Um einen richtig schönen dicken Rand wie hier auf dem Foto hinzubekommen, könnt ihr auch eine kleinere Form (ø 20 cm) verwenden.

Dieser Mürbeteigkuchen ist das erste vegane Dessert, das ich ausprobiert habe. Eine gute Freundin von mir zeigte mir dieses Rezept, das sie von ihrer Mutter hatte. Nachdem ich es etwas abgeändert hatte, verkaufte ich den Kuchen sogar regelmäßig an ein hübsches Café in der Altstadt von Perugia. Die Vanillecreme von Seite 57 passt übrigens super zum Kuchen.

Schon als kleines Mädchen liebte ich Mürbeteigkuchen mit frischem Obst. In diesem Rezept erinnert
mich der Kontrast von Fruchtsäure, karamellisierter
Pflaumenhaut und duftendem Teig an die kuscheli-
ge Gemütlichkeit unseres Hauses in der Schweiz. Es
ist erstaunlich, wie Düfte und Aromen Erinnerungen
aus einer fernen Zeit wieder wach werden lassen.
Als ich meine Mutter diese Tarte zum ersten Mal
probieren ließ, fragte sie mich direkt nach dem ersten Bissen: „Machst du mir noch eine?" – „Ach
Mama, jetzt iss doch erst mal dieses Stück!"

Pflaumen-
TARTE

ZUTATEN

200 g ital. Mehl tipo 0
(alternativ Weizenmehl
Type 550)
1 Msp. Salz
70 ml Olivenöl
zzgl. 1 EL zum Beträufeln
5 Pflaumen
1 EL Reismalz

In eine Schüssel gebe ich Mehl und Salz. Dann kommen Öl und 50 ml kaltes Wasser dazu, bevor alles sorgfältig verrührt wird. Der daraus entstehende Teig muss weich sein, damit er sich von Hand bearbeiten lässt. Ich knete ihn gut durch, wickle ihn in Frischhaltefolie und lege ihn 30 Minuten in den Kühlschrank.

Den Backofen auf 180 °C Ober-/Unterhitze vorheizen.

Währenddessen wasche und entsteine ich die Pflaumen, schneide sie in Scheibchen und stelle sie beiseite. Anschließend hole ich den Teig aus dem Kühlschrank und rolle ihn auf einem Stück Backpapier mit dem Nudelholz zu einem Fladen aus.

Nachdem ich den Teig mit einer Gabel eingestochen habe, verteile ich die Pflaumen-scheiben darauf. Zum Schluss streue ich großzügig Reismalz darüber und gebe noch ein paar Spritzer Öl obenauf.

Die Tarte 20–25 Minuten backen. Während der letzten 5 Minuten auf Grillfunktion umschalten.

Schoko-
BIRNEN-KUCHEN

ZUTATEN

1 Birne
250 g Vollkornreismehl
50 g feines Maismehl
30 g Haselnussmehl
(alternativ Haselnüsse im
Mixer fein mahlen)
50 g Schokoraspel
2 EL Maisstärke
100 g Vollrohrzucker
zzgl. 1 EL zum Bestreuen
1 TL gem. Vanille
1 Pck. Backpulver
1 Msp. Salz
350 g Reismilch
50-60 ml Maiskeimöl

Den Backofen auf 180 °C Ober-/Unterhitze vorheizen und eine Kastenform mit Backpapier auslegen.

Zuerst schäle ich die Birne und schneide sie in dünne Schnitze.

In einer Schüssel vermenge ich die verschiedenen Mehlsorten und gebe nach und nach Schokoraspel, Stärke, Birnenstückchen, Zucker, Vanille, Backpulver und etwas Salz dazu. Zum Schluss rühre ich sorgfältig Milch und Öl unter.

Den Teig in die Form füllen, nach Belieben mit etwas Zucker bestreuen und anschließend 35–40 Minuten backen.

Jede Süßspeise in diesem Buch erzählt ihre eigene Geschichte und jeder Duft bringt mir eine Reise in Erinnerung, die ich auf dem Weg hierher gemacht habe. **Wenn ich diesen Birnenkuchen aus dem Ofen hole, fühle ich mich sofort nach Turin zurückversetzt.** Sein Duft füllte die Küche meiner Dachgeschosswohnung, von der ich einen sagenhaften Blick auf die Stadt genoss, während meine beiden Riesenhunde wie Kätzchen um mich herumschlichen, um einen Krümel abzubekommen.

Auf dem Porta Palazzo in Turin entdeckte ich an einem Marktstand einen Kürbis. Eigentlich wollte ich dieses Riesenexemplar nicht mitnehmen, aber als mir der Verkäufer den Kürbis zu einem guten Preis anbot, konnte ich nicht widerstehen. *Kurze Zeit später bereute ich meine Entscheidung. Ich hatte mit etlichen Einkaufstüten, dem Riesenkürbis, mehreren Lagen Wollpullovern und einem eisigen Wind im Gesicht noch drei Kilometer bis zu mir nach Hause vor mir.* Nach jedem Schritt wollte ich den Kürbis irgendwo loswerden. Auf der Brücke, die über den Po führt, legte ich den Kürbis ab und schnappte nach Luft. Nachdem ich mich gesammelt hatte, schleppte ich meine Beute tapfer weiter. Die Mühe sollte sich lohnen, denn aus dem Kürbis entstanden Cremes, Suppen, Risottos und sogar ein Kuchen.

Kürbis-Kokos-
KUCHEN

ZUTATEN

250 g Kokosmilch
2 sehr reife Aprikosen
1 getrocknete Dattel
300 g Kürbisfruchtfleisch
50 g Maiskeimöl
160 g Reismilch
200 g ital. Mehl tipo 0
(alternativ Weizenmehl
Type 550)
30 g Mandelmehl
½ Pck. Backpulver
½ TL gem. Vanille
½ TL Zimtpulver
150 g Vollrohrzucker

Am Vorabend stelle ich die Kokosmilch in den Kühlschrank, damit sie fest wird und das Fett sich von der Flüssigkeit trennt.

Am Tag der Zubereitung die Aprikosen mit der Dattel zu einem feinen Mus pürieren. Den Backofen auf 180 °C Ober-/Unterhitze vorheizen. Eine Springform (ø 20 cm) mit Backpapier auslegen.

Das Kürbisfruchtfleisch in Scheiben schneiden und auf einem mit Backpapier ausgelegten Blech im vorgeheizten Ofen ca. 45 Minuten backen, bis die Kürbisscheiben weich sind. Dann nehme ich sie aus dem Ofen und lasse sie auf Küchenpapier abkühlen. Anschließend das Kürbisfleisch mit einer Gabel zerdrücken. Den Backofen nicht ausschalten.

Dann gebe ich Kürbis, Öl und Milch in eine Schüssel. In einer zweiten Schüssel vermenge ich die verschiedenen Mehlsorten, Backpulver, Vanille, Zimt und Zucker. Diese Mischung rühre ich vorsichtig in die Schüssel mit dem Kürbis. Zum Schluss gebe ich noch 1 EL von dem Aprikosen-Dattel-Mus dazu und vermische alles sorgfältig zu einer homogenen Masse.

Den Teig in die Form füllen und den Kuchen 45 Minuten im heißen Ofen backen.

Nachdem der Kuchen abgekühlt ist, nehme ich die Kokosmilch aus dem Kühlschrank und bestreiche den Kuchen mit fest gewordener Kokoscreme.

Glutenfreier ORANGENKUCHEN

ZUTATEN

250 g Reismehl

50 g feines Maismehl
zzgl. 1 EL für die Form

1 Pck. Backpulver

1 TL gem. Vanille

½ TL Zimtpulver

3 EL Maisstärke

200 g Vollrohrzucker

250 g Orangensaft

100 g Maiskeimöl
zzgl. 1 EL für die Form

Für den Karamell:

50 ml Apfelsaft

½ TL Zimtpulver

50 g Vollrohrzucker

10 g Kakaobutter

Zuerst heize ich den Backofen auf 160 °C Ober-/Unterhitze vor. Mit etwas Öl streiche ich eine Springform (ø 20 cm) ein und streue sie leicht mit Mehl aus.

In einer Schüssel vermische ich die Mehlsorten, Backpulver, Vanille, Zimt, Stärke und Zucker. Danach gebe ich Orangensaft und Öl dazu und verrühre alles mit einem Schneebesen.

Den Teig in die Backform gießen und 1 Stunde backen. Bei kleinen Öfen reicht eine Backzeit von 45 Minuten aus.

Während der Kuchen im Backofen Form annimmt, bereite ich den Karamell vor. Dafür nehme ich einen kleinen Topf und lasse darin Apfelsaft, Zimt und Zucker aufkochen. Unter stetigem Weiterrühren kommt die Kakaobutter dazu. Sobald sie geschmolzen ist, nehme ich den Topf vom Herd.

Nach dem Backen den Kuchen mit dem Karamellguss bestreichen.

„Ein Blick in die Augen deiner Wegbegleiter-in lässt jede Reise kürzer und jede Landschaft reizvoller erscheinen, und vielleicht bist du der Einzige, der sie versteht und sie deshalb aussteigen lässt, ohne ihr zu folgen und ohne jemals ihre Haut berührt zu haben."

Fabrizio De André

Für meine Wegbegleiterin. Hinter diesem Schnappschuss stecken Geschichten, Erinnerungen und unerwartete Wendungen. Ein Foto, das mich jedes Mal glücklich macht, wenn ich es betrachte.

Nach meinem Studienabschluss arbeitete ich ein paar Monate lang in einem makrobiotischen Laden in der Altstadt von Perugia. Obwohl man mich in der Backwarenabteilung eingeteilt hatte, war es doch oft so, dass Geschirrspülen, Bodenputzen, Flyer erstellen und Ware fotografieren zu meinen Hauptbeschäftigungen gehörten. Bis heute ist mir nicht ganz klar, was dort mein eigentlicher Job hätte sein sollen. Wie dem auch sei: Zu jener Zeit war dieser Kuchen mit einer einfachen Zitronencreme aus Zitronenmarmelade, Wasser und Reismalz eine der Leckereien, die es dort zu kaufen gab.

Apfel-Lavendel-KUCHEN

ZUTATEN

170 g Vollrohrzucker
zzgl. 1 EL zum Bestreuen
1 TL getrocknete
Lavendelblüten
200 g ital. Mehl tipo 0
(alternativ Weizenmehl
Type 550)
50 g Weizenvollkornmehl
60 g Mandelmehl
1 Pck. Backpulver
1 Msp. Salz
50 g Maiskeimöl
250 g Reismilch
2 kleine Äpfel

Am Vortag den Zucker zum Aromatisieren mit den Lavendelblüten mischen.

Den Backofen auf 170 °C Ober-/Unterhitze vorheizen und eine Springform (ø 20 cm) mit etwas Öl ausstreichen und mit Mehl ausstreuen.

Anschließend gebe ich die Zuckermischung mit den Mehlsorten, der Backpulver und dem Salz in eine Schüssel. Nachdem die trockenen Zutaten sorgfältig verrührt wurden, gieße ich Öl und Reismilch dazu und rühre alles zu einem homogenen Teig.

Die Äpfel schälen, das Kerngehäuse herausschneiden und in dünne Scheiben schneiden. Den Teig in die Backform füllen und mit Apfelscheiben vollständig bedecken.

Zum Schluss bestreue ich den Kuchen mit etwas Vollrohrzucker und lasse ihn 40–45 Minuten backen.

Panettone
MIT MANITOBA-MEHL

ZUTATEN

Für den Vorteig:

5 g frische Hefe

200 g ital. Mehl tipo 0
(alternativ Weizenmehl
Type 550)

Für den Teig Schritt 1:

250 g Vorteig

100 g Mandelmilch

250 g Weizenmehl
Type 1050

300 g Reismalz

50 g Maiskeimöl

Für den Teig Schritt 2:

350 g Manitoba-Mehl
(alternativ Weizenmehl
Type 550)

50 ml Karottensaft

300 g Malz

50 g Maiskeimöl

1 Msp. Salz

150 g Rosinen

Für den Vorteig Hefe und 100 g Mehl mit 100 ml lauwarmem Wasser verkneten und 5 Stunden bei Zimmertemperatur mit einem feuchten Tuch bedeckt stehen lassen. 100 g des Vorteigs abnehmen und mit 100 g Mehl sowie 100 ml lauwarmem Wasser verkneten und erneut 5 Stunden bei Zimmertemperatur mit einem feuchten Tuch bedeckt ruhen lassen.

Im Schritt 1 250 g des Vorteigs mit der Mandelmilch in die Küchenmaschine geben und gut verkneten. Nach und nach Mehl, Malz und Maiskeimöl hinzufügen, dabei weiterkneten. Den Teig anschließend 5–6 Stunden an einem warmen Ort ruhen lassen.

Nach der Ruhezeit kommt Schritt 2: Manitoba-Mehl, Karottensaft (für eine satte Farbe), Malz, Öl und Salz zum Teig geben und in der Küchenmaschine verkneten. Sobald der Teig elastisch ist und sich leicht von den Seiten der Küchenmaschine lösen lässt, können die Rosinen untergemischt werden. Dann weiterkneten, bis alles gut vermengt ist, und den Teig in zwei Hälften teilen.

Zum Backen werden Panettone-Backformen aus Papier verwendet, in die 750 g Teig passen. Bevor es ab in den Ofen geht, muss der Teig aber noch 10 Stunden ruhen.

Den Backofen auf 170 °C Umluft vorheizen. Die Oberfläche des Teiges wird eingestochen und der Panettone dann im Ofen 1 Stunde lang gebacken. Nach dem Backen den Panettone mit langen Stricknadeln oder Schaschlikspießen am unteren Teil der Papierform durchbohren und kopfüber hängend, z. B. in einem großen Topf, auskühlen lassen.

Endlich, nachdem ich monatelang gebettelt hatte, erbarmten sich die Köche aus dem makrobiotischen Lebensmittelladen, und gaben mir Vorteig für ein neues Experiment. **Weihnachten stand vor der Tür. Was also lag näher, als meinen guten Freund, den Pâtissier, um Tipps zu einem veganen Weihnachtskuchen zu bitten?** Ohne Zucker, ohne Butter und mit Vorteig sollte er sein. Ich war erstaunt, wie einfach der Panettone dann herzustellen war.

Gedeckter FEIGENKUCHEN

ZUTATEN

**200 g ital. Mehl tipo 0
(alternativ Weizenmehl
Type 550)
½ TL Salz
30 g Kokosöl
20 g Olivenöl**

**Für die Füllung:
6–7 Feigen
wahlweise
1 EL Kokosblütenzucker**

Zuerst bereite ich den Teig vor, indem ich Mehl und Salz in einer Schüssel vermenge. Danach gebe ich beide Öle hinzu und knete die Mischung mit den Händen durch. Nach und nach gieße ich 80 ml Wasser dazu und bearbeite den Teig so lange, bis er glatt ist und nicht klebt (lasst euch nicht abschrecken: es dauert eine Weile, bis der Teig die ideale Konsistenz aufweist). Anschließend in Frischhaltefolie einwickeln und für ca. 1 Stunde im Kühlschrank ruhen lassen.

Nach der Ruhezeit teile ich den Teig in zwei Hälften. Eine Hälfte rolle ich mit dem Rollholz kreisförmig und hauchdünn aus und lege damit eine Backform mit einem Durchmesser von 20 cm aus. Auf dem Teig verteile ich dann die in Scheiben geschnittenen Feigen und bestäube sie mit etwas Kokosblütenzucker.

Die zweite Hälfte wird ebenfalls dünn ausgerollt und als Decke über die Feigen gelegt. Diese Decke schneide ich zum Schluss mit ein paar Schnitten ein, bestreiche sie mit Wasser und streue etwas Kokosblütenzucker darüber.

Der Kuchen wird anschließend im vorgeheizten Backofen 25–30 Minuten bei 200 °C gebacken.

Kuchen und Torten

Schokomousse-
KUCHEN

ZUTATEN

Für den Boden:

**250 g vegane
Vollkornkekse
2 EL Maiskeimöl
2 EL Agavendicksaft**

Für die Mousse:

**300 g Zartbitterkuvertüre
250 ml Kokosmilch
50 ml Agavendicksaft
½ EL gem. Vanille**

Zum Verzieren:

Waldbeeren

Zuerst die Kekse staubfein zerbröseln. Dann Öl, Agavendicksaft und 1–2 EL Wasser hinzufügen und alle Zutaten so lange durchkneten, bis ein geschmeidiger Teig entsteht. Dann lege ich eine Springform (ø 20 cm) mit Backpapier aus und drücke den Teig mit der Hand auf dem Backformboden fest. Anschließend in den Kühlschrank stellen.

Im nächsten Schritt bereite ich in einem kleinen Topf die Mousse zu. Dafür die Kuvertüre im Wasserbad zerlassen. Unter Rühren kommen dann Milch, Agavendicksaft und Vanille dazu. Den Topf dann in eine mit Eiswasser gefüllte Schüssel stellen und die Schokolade mit dem Rührgerät aufschlagen. Achtet darauf, dass kein Eiswasser in die Schokolade spritzt.

Nimmt die Schokolade eine helle Färbung an, ist das ein Zeichen dafür, dass sie die richtige Konsistenz für eine Mousse erlangt hat. Das kann allerdings ein paar Minuten dauern.

Die Mousse zum Schluss auf die Keksbrösel geben, mit einer Palette schön glatt streichen und mit Waldbeeren belegen. Den Kuchen bis zum Servieren im Kühlschrank aufbewahren.

Dieser Kuchen ist der Wahnsinn: a) lässt er sich schnell zubereiten und b) ist er absolut lecker. Leider passiert es relativ oft, dass die Mousse etwas eigenwillig ist und nichts wird. Das kann an der Schokolade liegen oder an den verwendeten Küchenutensilien oder am Vollmond - ich weiß es nicht. Manchmal genügen ein strenger Blick und ein beherztes Anpacken des Rührgerätes, und schon gibt es eine Mousse wie im Bilderbuch. Manchmal ... Mousse: Du machst mich wahnsinnig, aber ich liebe dich trotzdem.

Sahne- KARAMELL-TORTE

ZUTATEN

Für die Creme:

3 l Sojamilch

15 EL Apfelessig

2 EL Mandelcreme

2 EL Weizensirup

500 g aufschlagbare Pflanzensahne

Für den Biskuit:

250 g Weizenmehl Type 550

250 g Weizenmehl Type 1050

70 g Mandelmehl

300 g Vollrohrzucker

1 EL gem. Vanille

1 Pck. Backpulver

120 g Maiskeimöl

500 g Sojamilch

Für die Karamellsauce:

5 Medjool-Datteln

1 EL Mandelcreme

3 EL Weizensirup

Saft von 3 Mandarinen

Zuerst bereite ich die Cremefüllung zu: Dafür zuerst die Sojamilch aufkochen. Sobald sie kocht, gebe ich Apfelessig hinein, nehme den Topf vom Herd und lasse sie gerinnen. Anschließend lasse ich die geronnene Milch in einem großen, feinmaschigen Sieb mindestens 5 Stunden lang abtropfen, sodass eine Art „Ricotta" entsteht. Das Sieb am besten gleich danach unter fließendem Wasser abspülen, damit sich der Essiggeschmack nicht festsetzt.

Den Backofen auf 180 °C Ober-/Unterhitze vorheizen. Zwei Springformen (ø 20 cm) mit Öl einfetten und mit Mehl bestäuben.

Für den Biskuitteig die Mehlsorten, Zucker, Vanille, Backpulver und die flüssigen Zutaten vermischen, mit einem Schneebesen verrühren und zu gleichen Teilen in die vorbereiteten Formen gießen. Anschließend wird der Teig im heißen Ofen 35–40 Minuten gebacken. Die Böden aus den Formen lösen und abkühlen lassen.

Ricotta anschließend mit der Mandelcreme und dem Weizensirup mit dem Handrührgerät aufschlagen. Danach die Sahne steif schlagen und vorsichtig unter die Ricotta-Mandel-Masse heben.

Um die Karamellsauce zuzubereiten, mixe ich im Blitzhacker Datteln, Mandelcreme, Weizensirup und den Mandarinensaft. Sobald Biskuit, Creme und Karamellsauce fertig sind, kann die Torte zusammengesetzt werden. Zuerst teile ich die beiden Biskuitböden in jeweils zwei Hälften. Auf einen der vier Biskuitböden streiche ich zuerst etwas Karamellsauce und danach Mandel-Sahne-Creme. Das Ganze wird mit einem weiteren Biskuitboden abgedeckt. Diesen Vorgang wiederhole ich, bis drei Schichten entstanden sind. Auf den zuletzt aufgelegten Biskuitboden streiche ich nur Sahnecreme und verteile sie mit einer Palette um die gesamte Torte herum.

Die Tortendecke verziere ich mit Karamellsauce. Vor dem Servieren und Anschneiden die Torte im Kühlschrank gut durchkühlen lassen.

Schokoladentorte
MIT AMARENA-KIRSCHEN

ZUTATEN

100 g Weizenvollkornmehl
130 g ital. Mehl tipo 0
(alternativ Weizenmehl
Type 550)
50 g Reismehl
2 EL Kakaopulver
1 Pck. Backpulver
½ TL gem. Vanille
150 g Vollrohrzucker
260 ml Sojamilch
60 ml Maiskeimöl
50 g Schokoraspel
zzgl. 1 EL zum Dekorieren

Für die Mousse:

300 g Zartbitterkuvertüre
300 ml Flüssigkeit von
eingelegten
Amarena-Kirschen
2 Gläser Amarena-Kirschen

Den Backofen auf 180 °C Ober-/Unterhitze vorheizen. Eine Springform (ø 20 cm) mit Öl fetten und mit Mehl ausstreuen.

In einer Schüssel vermenge ich die Mehlsorten, Kakao, Backpulver, Vanille und Zucker. Danach gebe ich die Sojamilch und das Öl hinzu und verrühre alles sorgfältig. Zuletzt die Schokoraspel unter die Masse heben und den Teig in die Form füllen, glatt streichen und anschließend 20–25 Minuten backen.

In der Zwischenzeit die Mousse vorbereiten. Die Kuvertüre zusammen mit 300 ml Flüssigkeit der Amarena-Kirschen in einem kleinen Topf zerlassen. Anschließend stelle ich den Topf in eine mit Eiswasser gefüllte Schüssel und schlage die Kuvertüre mit einem Schneebesen steif, damit sie abkühlt und luftig-locker wird. Nach 5–6 Minuten ist eine wunderbare Mousse entstanden, die zum Abkühlen beiseitegestellt wird.

Den Kuchen nach dem Backen in drei Böden teilen. Auf den ersten Boden streiche ich die Mousse und bedecke ihn mit Amarena-Kirschen. Auf die Kirschen lege ich den zweiten Boden, der ebenfalls mit Mousse bestrichen und mit Kirschen belegt wird. Auf dem dritten und letzten Boden streiche ich nur die Mousse. Zum Schluss die Tortendecke mit Schokoladensplitter dekorieren.

Wegen der vielen Zeit, die ich im Internet verbringe, um neue Rezepte zu finden, andere Blogs zu lesen und Menschen kennenzulernen, die die gleiche Leidenschaft teilen wie ich, lerne ich immer wieder neue Tricks und Handgriffe. *Wie z. B. diesen hier, mit dem sich Schokolade ganz leicht zu Mousse verarbeiten lässt, ohne Fett hinzufügen zu müssen.* Ihr könnt euch nicht vorstellen, wie glücklich ich war, als ich das entdeckte. Es gibt dafür übrigens eine Faustformel, wenn ihr mal andere Mengen oder andere Schokolade verarbeiten wollt.

Fett (in %) x Menge an Schokolade (in g) / 34 = Menge an Flüssigkeit (in ml)

Für dieses Rezept werden für 300 g Zartbitterkuvertüre mit einem Fettanteil von 34 % verarbeitet, also: 34 % x 300 g /34 = 300 ml

Eis und Geeistes

Amarena-KROKANT-EIS

ZUTATEN

100 g abgetropfte Amarena-Kirschen (alternativ entsteinte Süßkirschen und 2 getrocknete Datteln)
1 TL Johannisbrotkernmehl
300 ml Mandelmilch
5 EL Agavendicksaft
3 EL Kokosöl
2 EL Mandelbutter

Für die Glasur:
100 g Mandeln
100 g Vollrohrzucker
100 g Zartbitterkuvertüre

Die Amarena-Kirschen im Mixer fein pürieren.

Dann 1 TL Johannisbrotkernmehl in etwas Mandelmilch auflösen. Die Flüssigkeit erhitze ich und gebe vorsichtig unter ständigem Rühren die restliche Mandelmilch dazu. Sobald die Mischung aufkocht, den Agavendicksaft unterrühren. Dann füge ich Öl und Mandelbutter hinzu. Mit einem Stabmixer die Zutaten pürieren. Das Eis wird nun in Eis-am-Stiel-Förmchen umgefüllt, in deren Mitte 1 TL Kirschmus gegeben wird. Das Eis 4–5 Stunden in das Gefrierfach stellen. Nach 1 Stunde die Holzstiele hineinstecken.

Anschließend bereite ich die karamellisierten Mandeln zu, indem ich zunächst die Mandeln röste und Zucker und ½ Glas Wasser unterrühre. Die Flüssigkeit lasse ich aufkochen. Sobald das Wasser fast vollständig aufgesaugt worden ist, nehme ich den Topf vom Herd und lasse die Mandeln auf einem marmornen Arbeitsbrett abkühlen. Mithilfe eines großen Küchenmessers hacke ich sie nach dem Abkühlen in kleine Stückchen.

Wenn das Eis gefroren ist, die Kuvertüre im Wasserbad schmelzen. Das Eis aus den Förmchen stürzen, rasch in die Kuvertüre tauchen und in den Mandelstückchen wälzen.

Vor dem Servieren das Eis nochmals 2 Stunden in das Gefrierfach legen.

Aufgeregt rief ich meine Schwester an und bat sie, mich in meiner Küche zu fotografieren. Ich hatte es tatsächlich geschafft, mein Lieblingseis aus dem Laden selbst herzustellen. Auf meinem Blog ist dieses Foto immer noch zu sehen: *Ich auf einer Schaukel sitzend, glücklich wie ein kleines Kind mit einem sagenhaften Krokanteis in der Hand.*

Als ich entdeckte, dass sich aus einer so einfachen Zutat wie einer Banane ein leckeres Eis herstellen lässt, und als ich dann auch noch herausfand, wie man aus Haselnusscreme und Malz ein verführerisches Karamell zaubern kann, waren meine dem Ernährungsplan geschuldeten *Gewissensbisse Schnee von gestern.* Jetzt gibt es für mich nichts Schöneres, als mich mit diesem Eis selbst zu verwöhnen!

Eiscreme
MIT KARAMELL

ZUTATEN

Für die Eiscreme:
5-6 Bananen

Für die Hörnchen:
60 g ital. Mehl tipo 0
(alternativ Weizenmehl
Type 550)
30 g Kokosöl
20 g Kokosblütenzucker
40 g Sojamilch
1 Msp. Salz

Für das Karamell:
50 g Haselnüsse
3 EL Hirsemalz
(alternativ Reismalz)
1 TL gem. Vanille

Die Bananen zuerst in Scheiben schneiden und dann mindestens eine Nacht lang in das Gefrierfach legen.

Den Backofen auf 200 °C Ober-/Unterhitze vorheizen. Für die Eishörnchen alle Zutaten mischen. Der daraus entstandene Teig wird zwischen zwei Blättern Backpapier dünn ausgerollt. Anschließend wird er zurechtgeschnitten. Die Stücke einzeln um einen Waffelformer oder einen anderen konischen Gegenstand wickeln, die Hörnchen einzeln in feuerfeste Gläser stellen und 10–15 Minuten backen. Das ist ein bisschen kompliziert, die Hörnchen kippen um, wenn das Glas nicht genau passt. Alternativ könnt ihr auch das Teigstück in gefettete Muffinformen drücken und Eisbecher herstellen. Oder ihr habt einen Hörnchenautomaten zur Hand, damit funktioniert das natürlich super!

In der Zwischenzeit bereite ich das Karamell zu. Dafür die Haselnüsse 2–3 Minuten in der Pfanne goldbraun rösten. Anschließend lege ich sie, solange sie noch heiß sind, in ein Küchentuch und reibe sie sanft, damit sich die Haut ablöst. Im Blitzhacker mahle ich sie, bis sie eine butterähnliche Konsistenz erlangen. In einer Schüssel Haselnussmasse, Malz und Vanille mischen und anschließend beiseitestellen.

Die gefrorenen Bananen im Mixer zu einer Eiscreme verarbeiten oder mit einem guten Stabmixer pürieren.

Jede Waffel mit ein oder zwei Kugeln Eis füllen und mit Karamell beträufeln.

Bananen-
BROMBEER-EIS

ZUTATEN

7–8 Bananen
1 Schale Brombeeren
3–5 EL Agavendicksaft

Am Vorabend die Bananen in Scheiben schneiden und zusammen mit den Brombeeren ins Tiefkühlfach stellen.

Am darauf folgenden Tag gebe ich die Früchte in den Mixer und verarbeite sie mit Agavendicksaft zu einem cremigen Eis.

Ein guter Standmixer ist in der Lage, Eiscremes herzustellen, die cremiger und sahniger nicht sein könnten. Meine Freundin Francesca und ich waren so besessen von diesem Gerät, dass wir sogar zum Mittagessen Eis aßen. Ob Regenwetter, Temperaturen unter dem Gefrierpunkt oder Gluthitze: bei uns gab es immer Eis. Als wir beide einmal vor dem heißen Ölofen ein Bananeneis verspeisten, überkamen uns dann doch eisige Schauer und sogar Francesca musste einsehen, dass es definitiv nicht die Jahreszeit für Eis war.

Eis am Stiel aus frisch
GEPRESSTEN SÄFTEN

ZUTATEN

1 Ananas
1 Apfel
2 EL Agavendicksaft
1 Handvoll Brombeeren
20-25 Johannisbeeren
ohne Rispen

Die Ananas schälen und das Fruchtfleisch in Stücke schneiden. Den Apfel waschen und vierteln. Die Obststücke in den Entsafter geben.

Den so gewonnenen Saft sorgfältig mit dem Agavendicksaft mischen. In Eisförmchen füllen und die restlichen Zutaten hineingeben.

Danach das Wassereis mindestens 5 Stunden in das Gefrierfach stellen.

Mit einem Entsafter kam ich das erste Mal in einem Lokal in der Nähe von Perugia in Berührung. Täglich lud ich mich selbst bei meinem Kumpel Andrea zu einem oder zwei oder drei dieser leckeren Säfte ein. Irgendwann kamen wir auf die Idee, die Säfte einzufrieren, um Wassereis daraus zu machen. Noch heute bereite ich mit dem von Andrea ausgeliehenen Entsafter fruchtiges Wassereis zu und freue mich über unseren Geniestreich.

Geeiste ERDBEERCREME

ZUTATEN

Für den Boden:

200 g Paranüsse

70 g getrocknete Aprikosen

30 g Rosinen

1 Msp. Salz

Saft von ½ unbehandelten Zitrone

Für die Creme:

400 g Cashewkerne

200 ml Agavendicksaft

300 g Kokosmilch

150 g Kokosöl

½ TL gem. Vanille

10 Erdbeeren zzgl. einige zum Garnieren

Saft von ½ unbehandelten Zitrone

Zuerst weiche ich die Cashewkerne für mindestens 4–5 Stunden ein.

Dann bereite ich den Boden zu, indem ich die Paranüsse zusammen mit den in Stücke geschnittenen Aprikosen, den Rosinen und dem Salz im Blitzhacker mixe. Unter Rühren kommt der Zitronensaft dazu. Der Teig sollte am Ende sehr kompakt und gut formbar sein. Mit dem Teig lege ich so ebenmäßig wie möglich Gläser aus und stelle sie anschließend in den Kühlschrank.

Nun widme ich mich der Creme. Die Cashewkerne nach dem Abtropfen zusammen mit dem Agavendicksaft und der Kokosmilch ebenfalls mixen. Daraus entsteht eine dicke Creme, zu der ich Kokosöl und Vanille gebe. Ganz zum Schluss die Erdbeeren und den Zitronensaft untermixen.

Die Creme wird nun in die Gläser gefüllt. Das Dessert wandert anschließend für mindestens 5–6 Stunden in das Gefrierfach.

Mit den gleichen Zutaten und der gleichen Vorgehensweise lässt sich auch eine Torte herstellen. Statt der Gläser werden der Boden und die Creme in eine Springform (ø 20 cm) gegeben.

Dieses Dessert im Glas ist aus einer Geburtstagstorte entstanden, die ich für einen Kunden auf Ibiza hergestellt hatte. Ich hatte mich beim Abmessen der Zutaten vertan und hatte nun zu viel Material und zu wenig Platz in der Backform. Daher blieb leider oder zum Glück (kommt darauf an, wie man es sieht) etwas davon übrig. Irgendwie passt das zu mir. **Ich glaube ja fest daran, dass jeder Fehler zu etwas gut ist.** Mir hat mein Rechenfehler dieses unglaubliche Dessert beschert.

Haselnuss-
REISMILCH-EIS

ZUTATEN

Für die Eiscreme:

1 TL Johannisbrotkernmehl
300 ml Reismilch
3 EL Reismalz
1 EL Haselnussöl (aus dem
Glas der Haselnussbutter)
3 EL Haselnussbutter
(aus 100 % Haselnüssen)

Für den Guss:

1 EL Reismalz
1 TL Johannisbrotkernmehl

Im ersten Schritt das Johannisbrotkernmehl in etwas Reismilch auflösen.

Ich koche die Flüssigkeit auf und mische sie dann mit der restlichen Milch, die ich vorsichtig unter ständigem Rühren dazugebe. Sobald die Milch kocht, das Malz zufügen. Dann nehme ich den Topf vom Herd.

Anschließend gebe ich das Öl und die Haselnussbutter dazu. Die Masse wird dann in einen Behälter umgefüllt und in das Gefrierfach gestellt. Nach ein paar Stunden ist das leckere Eis zum Verzehr bereit.

Vor dem Servieren Malz und Johannisbrotkernmehl mischen und über das Eis geben.

In Andreas Haus fand ich das perfekte Refugium für meine Küchenexperimente und meine Fotos. Dort fühlte ich mich frei: Ich konnte mich austoben und fand einen Unterstützer meiner Arbeit, der mir dabei half, schönes Holz, außergewöhnliches Besteck und hübsche Accessoires zu finden, *die meine Bilder zu etwas Besonderem machten.*

Geeister
ZITRONENCREME-KUCHEN

ZUTATEN

Für den Boden:
120 g Mandeln
6 frische Datteln
1 Msp. Salz

Für die Zitronencreme:
200 g Cashewkerne
Saft von 1 großen Zitrone
150 ml Agavendicksaft
½ TL gem. Vanille
125 g Kokosöl

Zum Verzieren:
Brombeeren oder
Himbeeren

Mindestens 4 Stunden vor der eigentlichen Zubereitung weiche ich die Cashewkerne ein.

Für den Boden püriere ich Mandeln und Datteln unter Zugabe von 1 Messerspitze Salz.

Anschließend lege ich eine Springform (ø 18 cm) mit Backpapier aus und bedecke den Boden mit der Mandel-Dattel-Masse. Danach stelle ich sie in das Gefrierfach.

In der Zwischenzeit bereite ich die Creme zu, indem ich die zuvor eingeweichten Cashewkerne mit Zitronensaft, Agavendicksaft und Vanille püriere. Sobald die Creme glatt ist, wird das Öl sorgfältig untergerührt und die Mischung auf den Mandel-Dattel-Boden gegeben.

Dann kommt die Backform erneut für mindestens 3 Stunden in das Gefrierfach.

Vor dem Servieren mit Brombeeren oder Himbeeren dekorieren.

Eines meiner größten Probleme, das mich seit meiner Ernährungsumstellung plagt, ist der hohe Verschleiß an Stabmixern. Seit ich mich zum ersten Mal an die Zubereitung von kalten Desserts gewagt habe, überlebt ein Stabmixer bei mir allerhöchstens eine Woche. Spätestens dann fängt er an, nach verschmortem Plastik zu riechen, gibt seltsame Geräusche von sich oder füllt die Küche mit Rauchschwaden. Entweder lege ich mir jetzt einen Vorrat an Stabmixern an, damit mir so etwas nicht noch einmal passiert, oder aber es erbarmt sich jemand und schenkt mir einen richtig hochwertigen, der mir eine Weile erhalten bleibt.

Geeister
ORANGEN-KOKOS-KUCHEN

ZUTATEN

Für den Boden:
100 g Pekannüsse
100 g Mandeln
100 g getrocknete
Aprikosen
Saft von 1 Orange

Für die Füllung:
100 g Kakaobohnen
(alternativ rohes
Kakaopulver)
300 g Cashewkerne
200 ml Agavendicksaft
(alternativ Apfeldicksaft
oder Dattelsirup)
100 ml Kokosmilch
Saft von 1 Orange
100 g Kokosbutter

Zum Dekorieren:
1 Kokosnuss
1 Orange

Zuerst weiche ich die Cashewkerne 4–5 Stunden vor der eigentlichen Zubereitung in Wasser ein.

Für den Boden die Pekannüsse zusammen mit Mandeln, Aprikosen und Orangensaft auf höchster Stufe im Multizerkleinerer mixen, bis eine geschmeidige Masse entsteht. Anschließend mit der Mischung den Boden und die Seiten einer Springform (ø 15 cm) auslegen.

Für die Füllung mahle ich die Kakaobohnen zu Pulver und stelle es beiseite. Dann Cashewkerne, Agavendicksaft, Kokosmilch und Orangensaft ebenfalls mixen und unter die gemahlenen Kakaobohnen rühren. Anschließend zerlasse ich die Kokosbutter und gebe sie ebenfalls in den Mixer. Die daraus entstandene Creme auf den Kuchenboden gießen und das Dessert 4 Stunden in das Gefrierfach stellen.

Das Dessert 30 Minuten vor dem Servieren aus dem Gefrierfach nehmen. Für die Garnitur das Fruchtfleisch der Kokosnuss in Würfel schneiden und die Orange in Schnitze teilen.

Geeistes Schoko-FEIGEN-TÖRTCHEN

ZUTATEN

Für den Boden:

10 g Kakaobutter
150 g Pistazien
3 getrocknete Feigen
(alternativ 2 frische
Feigen)
1 EL Zitronensaft
1 Msp. Salz
1 EL Kokosblütenzucker

Für die Creme:

1 Avocado
50 ml Agavendicksaft
(alternativ Dattelsirup)
1 Msp. gem. Vanille
100 g Kakaobutter
100 g Kakaopulver

Zum Garnieren:

3 frische Feigen
2-3 EL Agavendicksaft

Für den Boden die Kakaobutter zerlassen. Dann die Pistazien klein hacken und mit Feigen, Zitronensaft, Salz, Kokosblütenzucker und Kakaobutter mixen. Einen Dessertring (ø 15 cm) auf einen mit Backpapier ausgelegten Teller stellen. Die Masse hineinfüllen und in das Gefrierfach stellen.

Anschließend für die Creme die Avocado halbieren, den Kern entfernen, schälen und das Fruchtfleisch mit einer Gabel zerdrücken. Mit Agavendicksaft und Vanille mixen. In einem kleinen Topf zerlasse ich die Kakaobutter und rühre das Kakaopulver sorgfältig hinein. Die daraus entstandene Schokoladencreme vermenge ich anschließend mit der Avocadocreme.

Die Schoko-Avocado-Masse aufschlagen und auf dem Pistazienboden verteilen. Das Törtchen für weitere 15 Minuten in das Gefrierfach stellen. Vor dem Servieren mit Feigen und Agavendicksaft dekorieren.

Beim Betrachten dieser Süßspeise muss ich immer an meine Schwester denken. Ich sehe sie vor mir, wie sie auf unserer Terrasse sitzt, mit diesem Dessert in ihren Händen. Wir beobachten den Sonnenuntergang, essen die letzten Feigen und stellen fest, dass sich der Sommer seinem Ende zuneigt. Diese Erinnerung an eine wunderbare Zeit, in der ich mir selbst ein ganzes Stück näher gekommen bin, werde ich für immer in mir tragen.

Süßes zum Frühstück

Frühstücks- HÖRNCHEN

ZUTATEN

15 g frische Hefe
50 g Vollrohrzucker
300 g Manitoba-Mehl
(alternativ Weizenmehl
Type 550)
50 g Sonnenblumenöl
10 g Olivenöl
250 g sehr reife Aprikosen
1-2 getrocknete Datteln
1-2 EL Malz
zum Bestreichen

Zuerst die Hefe in 1–2 EL lauwarmem Wasser auflösen, 1 Messerspitze Zucker (oder 1 TL Malz) hinzugegeben und 30 Minuten zugedeckt beiseitestellen.

Im nächsten Schritt vermische ich das Mehl mit dem restlichen Zucker und rühre anschließend das Öl und 150–200 ml lauwarmes Wasser ein. Die Masse muss feucht und klebrig sein.

Dann knete ich sie so lange von Hand durch, bis ein glatter, geschmeidiger Teig entsteht, der sich zu einer Kugel formen lässt. Die Teigkugel anschließend 3 Stunden an einem warmen Ort gehen lassen.

Für ein Fruchtmus die Aprikosen im Mixer mit ein bis zwei Datteln pürieren.

Danach rolle ich den Teig aus und schneide ihn in dreieckige Stücke. Am breiten Ende der Stückchen gebe ich in die Mitte einen Klecks Fruchtmus.

Dann ziehe ich die beide Ecken des breiten Randes lang und rolle den Teig mit der Handfläche bis zur Spitze zusammen. Dieser Vorgang wird mit allen Teigstückchen wiederholt.

Zum Schluss stelle ich die Hörnchen 1 Stunde zum Gehen an einem warmen Ort. Am besten eignet sich ein mäßig warmer Backofen, in dem die Hörnchen auf einem Blech mit einem Schüsselchen Wasser darunter aufgehen können.

Den Backofen auf 170 °C Ober-/Unterhitze vorheizen. Ein Backblech mit Backpapier auslegen.

Im Anschluss an die Ruhezeit die Hörnchen im vorgeheizten Ofen 20 Minuten backen. Direkt danach bestreiche ich sie mit etwas Malz und lasse sie abkühlen.

Wenn man das Glück hat, einen sehr bekannten Pâtissier zu kennen, dann sollte man ihn sein Können an veganen Backwaren ausprobieren lassen. Luca gelingt es, trotz riesiger Hände, mit einem kleinen Kniff aus einem Teig ein wunderbares Gebäck zu zaubern. Zum Glück hat er sich auf dieses Experiment eingelassen und mir gezeigt, wie man perfekte Hörnchen formt. *Das Geheimnis besteht darin, Luca alles machen zu lassen!*

Schoko-Bohnen-CREME

ZUTATEN

500 g getrocknete Cannellini-Bohnen
100 g Zartbitterkuvertüre
50 g Haselnüsse
3 EL Maiskeimöl
10-12 getrocknete Datteln
3 EL Hirsemalz (alternativ Reismalz)

Am Vorabend die Bohnen in eine Schüssel geben und mit reichlich kaltem Wasser bedecken.

Am folgenden Tag die Bohnen mit der Einweichflüssigkeit zum Kochen bringen, 2 Stunden sanft köcheln, bis sie weich sind.

In der Zwischenzeit die Kuvertüre im Wasserbad schmelzen und die Haselnüsse in einer Pfanne bei schwacher Hitze 2–3 Minuten rösten, ab und zu rühren. Sobald sich die Haut zu lösen beginnt, können sie vom Herd genommen werden.

Anschließend packe ich sie, solange sie noch heiß sind, in ein Küchentuch und reibe sie sanft, damit sich die Haut ablöst. Danach die gesäuberten Haselnüsse grob hacken und zusammen mit 2 EL Öl und den Datteln pürieren, bis eine weiche Masse entsteht.

Anschließend gebe ich die Cannellini-Bohnen mit ca. 100 ml ihres Kochwassers und dem Malz hinzu. Das Ganze dann ein paar Minuten pürieren.

Die geschmolzene Kuvertüre gebe ich zur Bohnencreme und püriere sie noch einmal, bevor ich sie in Gläschen abfülle.

Diese Creme hält sich im Kühlschrank 2–3 Tage.

Süßes zum Frühstück

Pancakes mit Bananen
UND AHORNSIRUP

ZUTATEN

Für den Teig:

150 g ital. Mehl tipo 0
(alternativ Weizenmehl
Type 550)

2 EL Vollrohrzucker

½ TL gem. Vanille

2 TL Backpulver

300 g Sojamilch

1 EL Maiskeimöl

1 Spritzer Zitronensaft

Zum Servieren:

Bananen

Ahornsirup

In einem Rührbecher mische ich Mehl, Zucker, Vanille und Backpulver. Dann gebe ich Milch und Öl dazu und verrühre alles. Anschließend füge ich noch etwas Zitronensaft hinzu und stelle den Teig ca. 30 Minuten beiseite.

Im nächsten Schritt eine antihaftbeschichtete Pfanne vorwärmen und den Teig mit einem Schöpflöffel hineingeben.

Wenn sich auf der Oberseite der Pancakes kleine Bläschen bilden, ist es Zeit sie zu wenden und weniger als 1 Minute lang von der anderen Seite zu backen. Den fertigen Pancake gebe ich auf einen Teller und backe die restlichen Pancakes nach der gleichen Art und Weise.

Ganz zum Schluss die Bananen in Stücke schneiden, die Pancakes damit servieren und mit etwas Ahornsirup beträufeln.

Während meiner vielen Reisen, auf denen ich entweder auf der Suche nach Arbeit, nach einer Wohnung oder einer Stadt war, in die ich mich verlieben konnte, kam immer mal wieder ein Tag, an dem ich alles hinwerfen wollte. Egal, wo ich dann gerade war oder was ich gerade tat, der Weg führte mich immer nach Hause aufs Land. Erst dort, vor dem prasselnden Kamin und mit einem Teller dieser herrlich duftenden Pancakes auf dem Schoß, kam ich wieder zur Ruhe.

Knusper-Müsli
MIT TROCKENFRÜCHTEN

FÜR 300 G MÜSLI

ZUTATEN

150 g zarte Haferflocken

30–40 g gehackte Mandeln

30 g Sesamsamen

50–60 g getrocknete Datteln (alternativ Rosinen, getrocknete Feigen oder getrocknete Aprikosen)

1 Handvoll getrocknete Bananen

½ TL Salz

1 Msp. gem. Vanille

30 g Kakaobutter

2 EL Reismalz

30 g Schokoraspel

Den Backofen auf 200 °C Ober-/Unterhitze vorheizen.

In einer Schüssel Haferflocken, gehackte Mandeln, Sesamsamen, in Stückchen geschnittene Datteln, Bananen, Salz und Vanille vermengen.

Danach lasse ich die Kakaobutter schmelzen, gebe sie zu den anderen Zutaten in die Schüssel und füge zum Schluss Reismalz dazu. Mit nassen Händen vermische ich alles.

Ganz zuletzt gebe ich die Schokoraspel dazu. Anschließend verteile ich die Zutaten auf einem mit Backpapier ausgelegten Blech und backe sie 15 Minuten.

Nachdem das Müsli abgekühlt ist, fülle ich es in ein Vorratsglas.

Fast zwei Jahre lang bestand meine allmorgendliche Mahlzeit aus Hafercreme und Obst. Schon beim Schlafengehen dachte ich an das Frühstück am nächsten Morgen und konnte es kaum abwarten, mir dieses Essen zuzubereiten. Auch wenn ich spät dran war, ließ ich es mir nicht nehmen, die Haferflocken so lange zu verrühren, bis sie schön weich waren. Mittlerweile habe ich das Rezept mit Samen und Schokolade verfeinert, woraus ein leckeres Müsli entstanden ist.

Süßes zum Frühstück

Chia-Kokos-
PUDDING

FÜR 4 SCHÜSSELN

ZUTATEN

½ **Kokosnuss**
3 EL Chia-Samen
Erdbeeren, Bananen und
Pfirsiche
Agavendicksaft

Zuerst bereite ich die Kokosmilch zu, indem ich das Innere der Kokosnuss wasche und das Fruchtfleisch herausschneide. Dem frischen Fruchtfleisch füge ich 500 ml Wasser hinzu und mixe das Ganze im Mixer. Alternativ kann man auch 50 g Kokosraspel nehmen und mit Wasser, ½ EL gem. Vanille und 2 EL Agavendicksaft mischen.

Anschließend streiche ich die Kokosmilch durch ein Sieb, um die Flüssigkeit von den Fasern zu trennen. 300 ml der Milch fülle ich in eine Schale um und rühre die Chia-Samen ein. Mindestens 3 Stunden ruht die Mischung dann im Kühlschrank.

Zum Schluss schneide ich das Obst in Stücke und verteile diese auf dem Pudding. Zum Süßen empfehle ich etwas Agavendicksaft.

Chia-Samen: Angepriesen werden sie hauptsächlich wegen ihres hohen Proteingehalts. Ich finde sie wegen ihrer Konsistenz großartig. Auf magische Weise verwandeln sich die kleinen Samen in eine cremig-weiche Masse, die sich hervorragend für Pudding eignet. Der einzige Wermutstropfen ist der Preis: leider etwas teuer.

Obstpudding
MIT HEIDELBEEREN

ZUTATEN

6 Bananen
200 g Heidelbeeren
2-3 EL Kakaopulver

Alle Zutaten zusammen mit ½ Glas Wasser einige Sekunden lang mixen. Anschließend den Brei in niedrige Gläser umfüllen und zum Festwerden in den Kühlschrank stellen.

Die Konsistenz eines Puddings erhält dieser Nachtisch dank der enthaltenen Heidelbeeren, die beim Pürieren ein bindendes Gel absondern.

Auf Ibiza arbeitete ich in einem Restaurant. Wenn es mal in der Küche nicht so hektisch zuging, bereitete ich mir gerne aus dem frischen Obst, das wir dort zur Verfügung hatten, einen gesunden Snack zu. Als ich mir gerade einen Obstbrei gemixt hatte, kamen Gäste zum Mittagessen hereinspaziert und ich musste meine Zwischenmahlzeit stehen lassen. Als ich das nächste Mal an dem Obstglas vorbeikam, traute ich meinen Augen nicht. Der Brei hatte sich in einen Pudding verwandelt. *Aus diesem Aha-Erlebnis kreierte ich für das Restaurant diesen Obstpudding.*

Smoothies mit Mandeln
UND KOKOSNUSS

ZUTATEN

Smoothie 1:

100 g Mandeln
2 Bananen
100 g Heidelbeeren
5 frische Datteln
½ TL gem. Vanille

Smoothie 2:

1 Kokosnuss
1 Mango
6-7 frische Datteln
1 TL gem. Vanille

Smoothie 1:

Am Abend vor der Zubereitung die Mandeln einweichen. Vor der Zubereitung kurz abspülen, in den Mixer geben und während des Mixens nach und nach 600 ml Wasser hinzufügen. In die daraus entstandene Milch Bananen, Heidelbeeren, Datteln und etwas Vanille geben und alles pürieren.

Smoothie 2:

Das Innere der Kokosnuss waschen und das Fruchtfleisch herausschneiden. In den Mixer geben, 600–700 ml Wasser dazugeben und zu einer Milch mixen. Diese Kokosmilch mit der geschälten und entsteinten Mango, den entsteinten Datteln und der Vanille pürieren.

Seit ich mir diesen Mixer ausgeliehen habe, den ich – wie mir gerade einfällt – noch zurückgeben muss, gibt es bei mir ganz oft Smoothies mit Mandeln, Cashewkernen und vor allen Dingen Kokosnuss. Noch steht der Mixer in meiner Küche und ich bin in ihn noch so verliebt wie am ersten Tag. *Diese beiden Smoothies gehören neben Barfußlaufen und erfrischenden Desserts zu den schönsten Erinnerungen des vergangenen Sommers.*

Frische SÄFTE

ZUTATEN

Saft 1:
1 Apfel
1 Handvoll Trauben
¼ Staudenselleriestange

Saft 2:
1 Pfirsich
1 Apfel
5 Blättchen Basilikum

Saft 3:
1 Orange
1 Apfel
1 Handvoll Erdbeeren

Saft 1:
Den Apfel waschen und in Schnitze schneiden. Trauben und Sellerie ebenfalls waschen. In folgender Reihenfolge entsaften: Apfel, Trauben, Sellerie. Wer Ingwer mag, kann ihn vor den anderen Zutaten zum Entsaften dazugeben.

Saft 2:
Pfirsich waschen, entsteinen und in Schnitze schneiden. Apfel waschen und in Schnitze schneiden. Basilikumblätter abzupfen und waschen. In folgender Reihenfolge entsaften: Apfel, Basilikum und Pfirsich.

Saft 3:
Orange schälen und vierteln. Apfel waschen und in Schnitze schneiden. Die Erdbeeren waschen und vom Grün befreien. In folgender Reihenfolge entsaften: Apfel, Orange und Erdbeeren.

Äpfel werden frisch gepressten Säften gerne als natürliches Süßungsmittel beigemischt. Säfte lassen sich aber auch sehr gut mit Birne, Sellerie oder Karotte zubereiten. Lasst eurer Fantasie freien Lauf und probiert mal verrücktere Zutaten wie Fenchel, Gurke oder Rote Bete aus.

Frisch gepresste Säfte sind einfach das Leckerste und Gesündeste, was man Körper und Geist bieten kann. Anstatt mit Mehl, Zucker und Öl eine Süßspeise zu kreieren, reicht eine einzige Melone aus. Ab damit in den Entsafter und man fühlt sich rundum erneuert.

Mandel-Kokos-Milch
MIT ERDBEEREN

ZUTATEN

100 g Mandeln
1 Kokosnuss
10 Erdbeeren
1 TL gem. Vanille
6–7 getrocknete Datteln

Am Vorabend die Mandeln in Wasser einweichen.

Am Tag der Zubereitung wasche ich das Innere der Kokosnuss und schneide das Fruchtfleisch heraus. Dieses zusammen mit den eingeweichten Mandeln in den Mixer geben. Dann vorsichtig 2 l Wasser zugeben. Kokos- und Mandelfleisch abseihen. Die Erdbeeren mit der Flüssigkeit pürieren und alles mit Vanille und ein bis zwei gehackten Datteln abschmecken. Fertig ist eine leckere und gesunde Milch!

Das beim Mixen übrig gebliebene Kokos- und Mandelfleisch wird mit fünf bis sechs Datteln gemixt und zu kleinen Kügelchen geformt, die einen wunderbar süßen Snack ergeben.

Die Milch lässt sich auch mit einem sehr guten Stabmixer herstellen. Hierbei werden alle Zutaten püriert und anschließend durch ein Sieb gestrichen, um die Fruchtfleischfasern von der Flüssigkeit zu trennen.

An einem der letzten Tage im gemütlichen Landhaus, beschlossen meine Freundin Francesca und
ich, das Ende unseres Aufenthaltes gebührend zu
feiern. Die vielen Koffer waren schon gepackt und
bevor es für mich auf die Balearen ging, wollten wir
den unentbehrlich gewordenen Mixer noch ein aller-
letztes Mal bemühen. Da alle Küchenutensilien bereits reisesicher verstaut worden waren, hatten wir
nichts zur Hand, was zum Öffnen einer Kokosnuss
hätte herhalten können. Also blieb mir, unter den un-
gläubigen und zugleich amüsierten Blicken der Um-
stehenden, nichts anderes übrig, als die Kokosnuss
vom Balkon aus in den Hof zu schleudern. So lässt
sich eine harte Nuss eben auch knacken!

Register

A

B

C

E

F

G

H

K

Impressum

Ich danke allen, die mich auf meinem Weg begleitet und mir eine helfende Hand entgegengestreckt haben. Ich danke allen Menschen, die mich über das Internet unterstützt haben, und es trotz zahlreicher Veränderungen immer noch tun. Ich danke meiner Freundin Francesca, die mich gelehrt hat, wie man sich selbst respektiert. Ich danke Camiria, die mich ertragen und in schwierigen Zeiten aufgemuntert hat. Ich danke Valentina, weil sie immer an mich geglaubt hat und mich dazu ermutigt hat, auch an mich selbst zu glauben. Ganz besonders möchte ich Manuel danken, ohne den dieses Projekt nie zustande gekommen wäre.

First published in 2014 by EIFIS EDITORE srl as:
SUGARLESS – SAPORI DOLCI DI UNA CUCINA NATURALE
Viale Malva Nord, 28
48015 Cervia (RA)
Italia
www.eifis.it – info@eifis.it

© der deutschsprachigen Ausgabe
2016 Fackelträger Verlag GmbH, Köln
Emil-Hoffmann-Straße 1
D-50996 Köln

Rezepte, Text und Fotografie: Romina Coppola – www.sugarless.it
Übersetzung: Adriana Cartolano
Redaktion der italienischen Ausgabe: Manuel Marcuccio
Redaktion der deutschen Ausgabe: Ilka Grunenberg
Lektorat: Petra Puster
Design und Layout der italienischen Ausgabe: Davide Cortesi
Design, Layout und Satz sowie Covergestaltung der deutschen Ausgabe: Veedelswerk GmbH, Köln
Gesamtherstellung: Fackelträger Verlag GmbH, Köln

ISBN 978-3-7716-4640-0
Printed in Poland

www.fackeltraeger-verlag.de